MARIE DESPLECHIN
BETTY BONE

AVEC LA COLLABORATION
D'ÉVELYNE HEYER ET CAROLE REYNAUD-PALIGOT

Ta Race !

moi et les autres

ÉDITIONS COURTES ET LONGUES
MUSÉUM NATIONAL D'HISTOIRE NATURELLE – MUSÉE DE L'HOMME

LES RACES HUMAINES
HACHETTE & Cie
GEORGIENNE.
ARABE.
RACE BLANCHE

LES RACES HUMAINES
HACHETTE & Cie
POLYNESIEN
MALAIS.
RACE BRUNE

LES RACES HUMAINES
HACHETTE & Cie
JAPONAIS.
CHINOIS.
RACE JAUNE

LES RACES HUMAINES
HACHETTE & Cie
PAPOU.
NÈGRE DE GUINÉE.
RACE NOIRE

La grande division

La race est une idée née en Europe il y a environ trois cents ans. Elle consiste à classer l'espèce humaine en fonction de caractéristiques physiques évidentes comme la couleur de la peau et d'attribuer à chaque catégorie des qualités et des défauts.

Inventée pour décrire la diversité des hommes, l'idée de race a servi à les hiérarchiser en les divisant en « races supérieures » et « races inférieures ».

Aujourd'hui, les progrès de la science ont prouvé qu'il n'existe pas de races humaines. Mais les idées raciales ont joué un rôle si important dans notre histoire que nous n'arrivons pas à nous en débarrasser. Elles servent toujours à nous diviser.

À partir du XVIIIe siècle, les savants divisent l'humanité en différentes races en fonction de leur couleur de peau.

Louis Figuier,
Les Races humaines, 1872.

Une idée pas sérieuse

Ces dernières années, les scientifiques ont prouvé, grâce aux outils de la génétique, que l'idée de la race n'avait aucune valeur scientifique.

Chaque être vivant grandit, se développe et vit à partir des informations enregistrées dans son génome. Cet ensemble de gènes, hérités de la mère et du père, est la recette originale qui fait de tout être vivant une créature unique.

Mais les gènes ne font pas tout. Le petit humain sera influencé toute sa vie par ce qui l'entoure, son histoire, ses habitudes de vie, son environnement.

En analysant le génome dans son entier, les généticiens ont montré qu'il n'existait pas assez de différences entre les humains pour pouvoir parler de races. Il existe bien sûr des différences génétiques entre deux groupes très éloignés l'un de l'autre pendant des milliers d'années. Mais ces différences ne représentent que 5 % de toutes celles qui peuvent exister entre deux personnes. C'est très peu.

« *En réalité, dans l'espèce humaine, l'idée de race ne sert à rien* », dit un grand généticien.

L'HOMME ET LA PLANTE

ONT BEAUCOUP DE CHOSES EN COMMUN

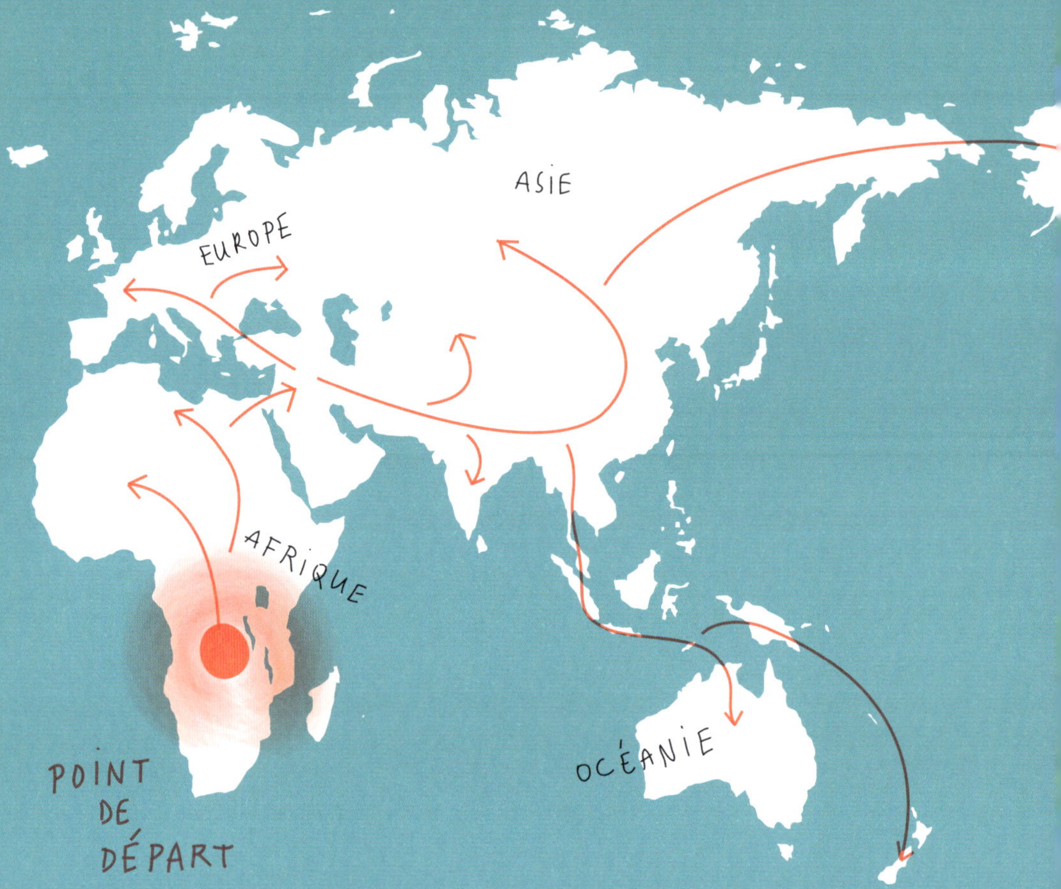

Out of Africa

Si l'étude des génomes humains ne permet pas de prédire le caractère ou les capacités des gens, elle dit beaucoup de choses sur leur histoire. En comparant les gènes, les chercheurs ont remonté le temps et retracé l'histoire de l'espèce *Sapiens*. Ils ont identifié les traces de nos ancêtres communs.

Sapiens est né en Afrique, il y a environ 200 000 ans (ce qui est très jeune pour une espèce).

LES VOYAGES DE L'HOMO SAPIENS

Il y a 70 000 ans, quelques groupes ont quitté le continent africain en passant par l'est. Ils ont traversé la mer Rouge ou ils ont remonté le Nil. Ils sont arrivés en Inde et au Proche-Orient, puis ils se sont répandus sur toute la Terre. Certains sont même retournés en Afrique.

Ces migrations n'ont jamais vraiment cessé. Quand les *Sapiens* ne se déplacent pas pour obtenir de nouvelles terres ou se faire la guerre, ils font du commerce entre eux. Ils n'arrêtent jamais longtemps d'échanger leurs connaissances, leurs biens… et leurs gènes.

Notre espèce est jeune. **Nous avons tous les mêmes ancêtres.** Et si des groupes différents se sont formés à certains moments de l'histoire, **ils se sont mélangés entre eux** à la faveur des voyages et des conquêtes.

La fabrication des races animales

De gauche à droite
Mouton de levant à grosse queue, chat de Népaul, mouton d'Égypte mâle, cheval, cochon des Indes femelle, mouton à grosse queue, cheval à poils frisés, chien de Poméranie, lévrier femelle, poule huppée de Padoue, XVIIe-XIXe siècles.

On parle de races pour des animaux domestiqués par l'homme : chiens, chats, vaches, poules... Ils présentent des différences très caractéristiques qu'ils transmettent à leurs petits.

Les races animales sont fabriquées par les éleveurs qui sélectionnent les animaux et organisent leur reproduction. Ils développent certains caractères et en effacent d'autres. Ainsi, ils obtiennent des chiens plus méchants. Ou des vaches qui produisent plus de lait. Ou des cochons qui ont de plus gros jambons. Ou des poules qui pondent de meilleurs œufs. Sans l'action de l'homme, ces races disparaissent. Les animaux retournent à leur liberté et se mélangent à nouveau. C'est le retour des joyeux chiens bâtards et des agiles chats de gouttière.

Certaines sociétés au cours de l'histoire ont voulu « améliorer la race » en sélectionnant les « meilleurs » humains. Pour cela, elles ont organisé l'assassinat de personnes malades ou porteuses de handicaps, et elles en ont empêché d'autres d'avoir des enfants. Durant la Seconde Guerre mondiale, les nazis ont voulu créer une « race pure », la meilleure selon eux. Ils ont par exemple incité certaines personnes choisies sur leur apparence physique à faire ensemble des enfants. Ils ont aussi profité de la guerre pour enlever des enfants blonds aux yeux bleus qu'ils ont enfermés dans des sortes d'élevages humains. **Leurs crimes ont engendré une somme immense de malheurs.**

Améliorer la race, vraiment ?

Mouton de Levant à grosse queue.

Chat du Nepaul

Le Cochon des Indes femelle

Gallina Patavina
Poule huppée de

Sapiens en noir et blanc

La peau de *Sapiens,* à ses débuts, est **noire.** Elle est foncée par la **mélanine,** un pigment qui la protège contre les rayons ultraviolets du soleil, dangereux pour la santé. Or, si le soleil présente des dangers, il offre aussi des avantages. Il permet la fabrication de la **vitamine D** indispensable pour grandir, avoir et conserver des os solides.

Un Père Noël noir ? Et alors ?

Andres Serrano, *Père Noël noir (L'Interprétation des rêves)*, 2001.

Quand *Sapiens* s'éloigne de l'Afrique ensoleillée, il ne craint plus le soleil. Au bout d'un certain temps passé dans les pays froids, des descendants de *Sapiens* de plus en plus nombreux ont **la peau plus pâle.** Tout cela demande quelques milliers d'années, pas plus, pas moins.

L'alimentation joue aussi un rôle dans la couleur de la peau. Les Saamis par exemple n'ont pas la peau très blanche alors qu'ils vivent dans des régions très froides et peu ensoleillées : c'est qu'ils consomment beaucoup d'huile de poisson, très riche en vitamine D.

COLORED
WAITING ROOM
PRIVATE PROPERTY
NO PARKING
Driving through or Turning Around
BINGO
TONITE!
Good
Housekeeping
True Story
HITLER'S
LOVE LIFE
REVEALED
Cosmopolitan
CAROLINA COACH COMPANY
45

Les vrais effets d'une idée fausse

Pourquoi cette violence ?

La biologie ne peut pas nous donner de réponse puisque, pour la science, la race n'existe pas.

L'histoire, en revanche, peut nous apporter des explications. C'est de ce côté qu'il faut chercher.

Groupe de juifs hongrois à leur arrivée au camp de concentration d'Auschwitz, Pologne, été 1944.

Entre cinq et six millions de juifs ont été assassinés dans des camps de concentration et d'extermination durant la Seconde Guerre mondiale par les nazis, sous les ordres d'Hitler.

Aux États-Unis, entre 1876 et 1964, les lois Jim Crow imposent que Noirs et Blancs demeurent séparés dans tous les lieux publics. Comme ici où l'on voit une salle d'attente pour les « gens de couleur »...

Jack Delano, *À la gare routière*, 1940.

En 1994, au Rwanda, la majorité hutue attaque la minorité tutsie ainsi que certains Hutus modérés. Le peuple cherche à fuir ce génocide qui fera 800 000 morts en seulement trois mois.

Jack Picone, *Peuple fuyant le génocide, Rwanda*, 1994.

Des bateaux et des hommes

Revenons cinq siècles en arrière, à la fin du Moyen Âge, à l'époque des grandes découvertes des Européens. Quelques voyages en bateau vont changer l'histoire du monde…

À la fin du XVe siècle, les Européens cessent enfin de croire que la Terre est plate et qu'elle se termine sur des gouffres où rugissent les dragons. Ils osent explorer les côtes de l'Afrique et s'aventurent (par hasard) jusqu'à un continent dont ils ignoraient l'existence et qu'ils appellent l'Amérique. Plus tard, à force de naviguer, ils tomberont sur l'Australie.

À la fin du XVe siècle, les explorateurs européens Colomb, Vespucci, Magellan et Pizarro découvrent de nouveaux territoires. Leur connaissance de la planète Terre s'élargit.

Theodor de Bry, « Christophe Colomb, Amerigo Vespucci, Fernand de Magellan et Francisco Pizarro », in *Historia Americae*, par Girolamo Benzoni et Theodor de Bry, 1590-1634.

Les Portugais et les Espagnols commencent, leurs voisins suivent. Ils sont aidés par **leur technologie efficace,** bateaux, boussoles, fusils.

C'est fou ce qu'on découvre quand on sort de chez soi ! Quand ils reviennent chez eux, les premiers voyageurs stupéfient leurs auditeurs. Sur des rivages mystérieux, ils ont vu **des êtres étranges** qui leur ressemblaient par le corps, mais qui étaient différents pour tout le reste. Vêtements (quand ils en portaient !), langages, habitudes, religions et couleur de peau… Ils n'ont même pas entendu parler du Dieu des chrétiens !

Que faire des Indiens d'Amérique ?

Theodor de Bry, « Arrivée de Christophe Colomb sur l'île d'Hispaniola dans les Indes occidentales », in *Historia Americae*, par Girolamo Benzoni et Theodor de Bry, 1590-1634.

En 1492, Christophe Colomb et son équipage posent pour la première fois les pieds en Amérique : les Européens ont découvert un nouveau continent !

Les soldats espagnols qui débarquent dans le Nouveau Monde **assassinent et pillent** les peuples qui l'habitent sans se sentir coupables. Ils se disent supérieurs et regardent les Indiens comme des barbares. L'arrivée des Européens sur le continent américain entraînera la disparition de dizaines de millions de personnes, peut-être cinquante millions, peut-être quatre-vingt-dix.

En Amérique puis en Europe, quelques personnes prennent la défense des Indiens. Et, en 1542, l'empereur Charles Quint abolit l'esclavage des Indiens. Mais les colons esclavagistes se rebellent contre l'Espagne.

Quelques années plus tard, en 1550 et 1551, a lieu un célèbre débat dans la ville espagnole de Valladolid. Les Espagnols ont-ils le droit de réduire les Indiens (et les prisonniers africains) en esclavage ? Le défenseur des Indiens, Bartolomé de Las Casas, est prêtre dans l'une des nouvelles colonies. Il condamne la « *destruction des Indes* » et les « *crimes contre les droits du genre humain* ». En face de lui, un savant religieux, Juan Ginés de Sepúlveda, défend le droit des Espagnols à exploiter, voler et tuer les Indiens qu'il décrit comme des « *singes* ».

Les colons espagnols donnent finalement raison à Sepúlveda. Ils se moquent bien que les Indiens et les Africains soient des êtres humains, du moment qu'ils travaillent gratuitement pour eux. Les sociétés indiennes d'Amérique disparaissent et le commerce des esclaves africains se met en place.

Grâce à Bartolomé de Las Casas, la controverse de Valladolid nous prouve que **l'intelligence, le courage et la bonté existent toujours et partout,** même si ces qualités ont du mal à se faire entendre face à la bêtise, à la lâcheté et à la cupidité.

Il nous montre aussi que pour faire accepter certaines actions par la société, il faut avoir des arguments. Ces arguments peuvent être honnêtes, respectables et fondés, mais aussi truqués, idiots et malhonnêtes. L'important, c'est qu'un discours existe pour donner la permission aux groupes humains de se comporter comme ils le font.

Jean-Michel Basquiat, *Vente aux enchères d'esclaves*, 1982.

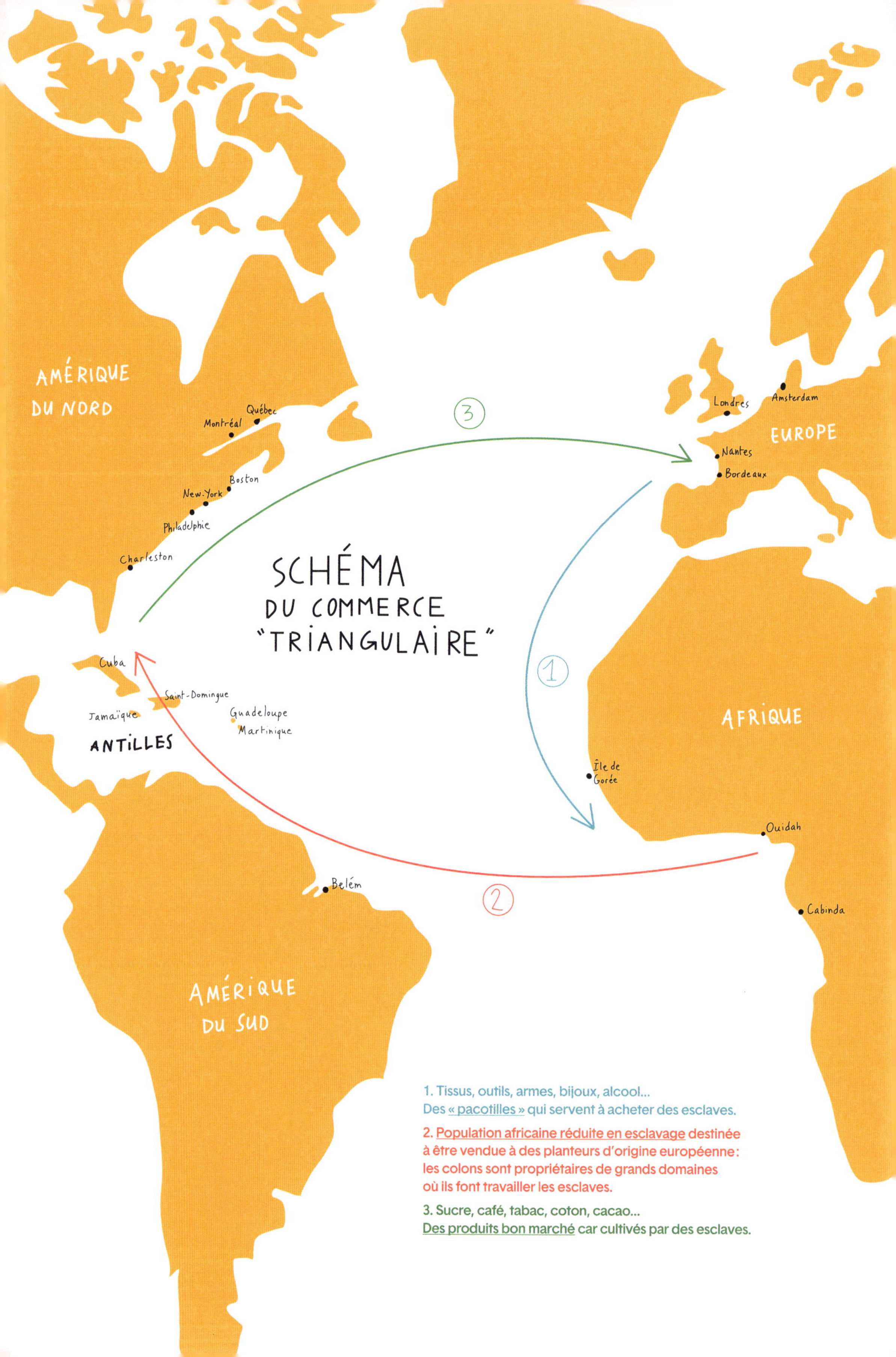

1. Tissus, outils, armes, bijoux, alcool…
Des « pacotilles » qui servent à acheter des esclaves.

2. Population africaine réduite en esclavage destinée à être vendue à des planteurs d'origine européenne : les colons sont propriétaires de grands domaines où ils font travailler les esclaves.

3. Sucre, café, tabac, coton, cacao…
Des produits bon marché car cultivés par des esclaves.

Le marché des esclaves africains

En longeant les côtes de l'Afrique, les Européens se sont mis à acheter des esclaves. Ils s'entendent avec les marchands africains et arabes qui font ce commerce depuis des siècles.

Le **commerce triangulaire** se met en place. Les Européens achètent des esclaves en Afrique contre des marchandises. De là, ils partent vers les Amériques où ils revendent leur marchandise humaine aux colons.

L'Europe et les futurs États-Unis sont les grands bénéficiaires de ce trafic : leur richesse ne cesse de grandir, tandis que les sociétés africaines perdent une partie de leur population. On calcule que douze millions de personnes ont été victimes de ce commerce. Et c'est sans compter les descendants de ces gens, soumis aux mêmes conditions que leurs parents, leurs grands-parents, leurs arrière-grands-parents.

Comment accepter que des malheureux soient arrachés à leur monde, entassés dans des cales, vendus comme des bêtes, soumis à un travail épuisant, traités avec la plus grande cruauté sans jamais avoir le moindre espoir de sortir du cauchemar ?

Pour profiter tranquillement de tels crimes, le mieux est encore de penser que tout ça, après tout, **ils le méritent.**

Voilà une idée bien pratique ! Ce sont les chrétiens espagnols qui l'inventent à la fin du Moyen Âge afin de mieux persécuter les juifs.

Après avoir chassé les musulmans du sud du pays, les chrétiens s'en prennent aux juifs. Ils les obligent à partir en exil ou à se convertir. Cent cinquante mille personnes sont déportées dans des conditions horribles. Cinquante mille restent et deviennent des « nouveaux chrétiens ».

Mais ça ne suffit pas. Les « vieux chrétiens » se méfient de ces « nouveaux chrétiens ». Sont-ils sincères, vraiment sincères, assez sincères, tout à fait sincères ?

Comment savoir ?

En les torturant !

Les malheureux finissent par avouer ce qu'on veut leur faire dire. C'est la preuve de leur crime ! Ils sont brûlés vivants. Mais ça ne suffit pas encore. Leurs enfants, leurs petits-enfants, leurs arrière-petits-enfants sont-ils sincères, vraiment sincères, assez sincères, tout à fait sincères ? Comment les croire ?

Puisqu'il est impossible de faire confiance aux convertis, on va arrêter de s'intéresser à ce qu'ils font, à ce qu'ils disent, et même à ce qu'ils pensent. On va **les punir pour ce qu'ils sont.**

Mais où trouver la vraie nature d'un homme ? Dans son sang, bien sûr ! (Là, on nage en plein délire mais l'époque est nulle en biologie comme en médecine.) Le **sang** des juifs est déclaré **impur**. Il suffit d'un seul ancêtre juif, ou même d'une nourrice d'origine juive, pour être **infecté**.

Toute personne soupçonnée d'être juive n'a plus le droit d'exercer certains métiers, d'aller dans certains endroits, de se marier avec des catholiques...

Avec ces **lois de pureté du sang** en Europe, c'est la première fois que la loi d'un pays définit un humain en fonction de son sang, que l'on croit porteur d'une nature héritée de ses ancêtres, inscrite dans son corps, et inchangeable, quelles que soient son histoire et sa volonté.

Comme les juifs d'Espagne, des millions d'hommes et de femmes ont été arrachés à leur terre au cours de l'histoire... Coupés de leurs racines.

Corine Borgnet, *Pince X*, 2007.

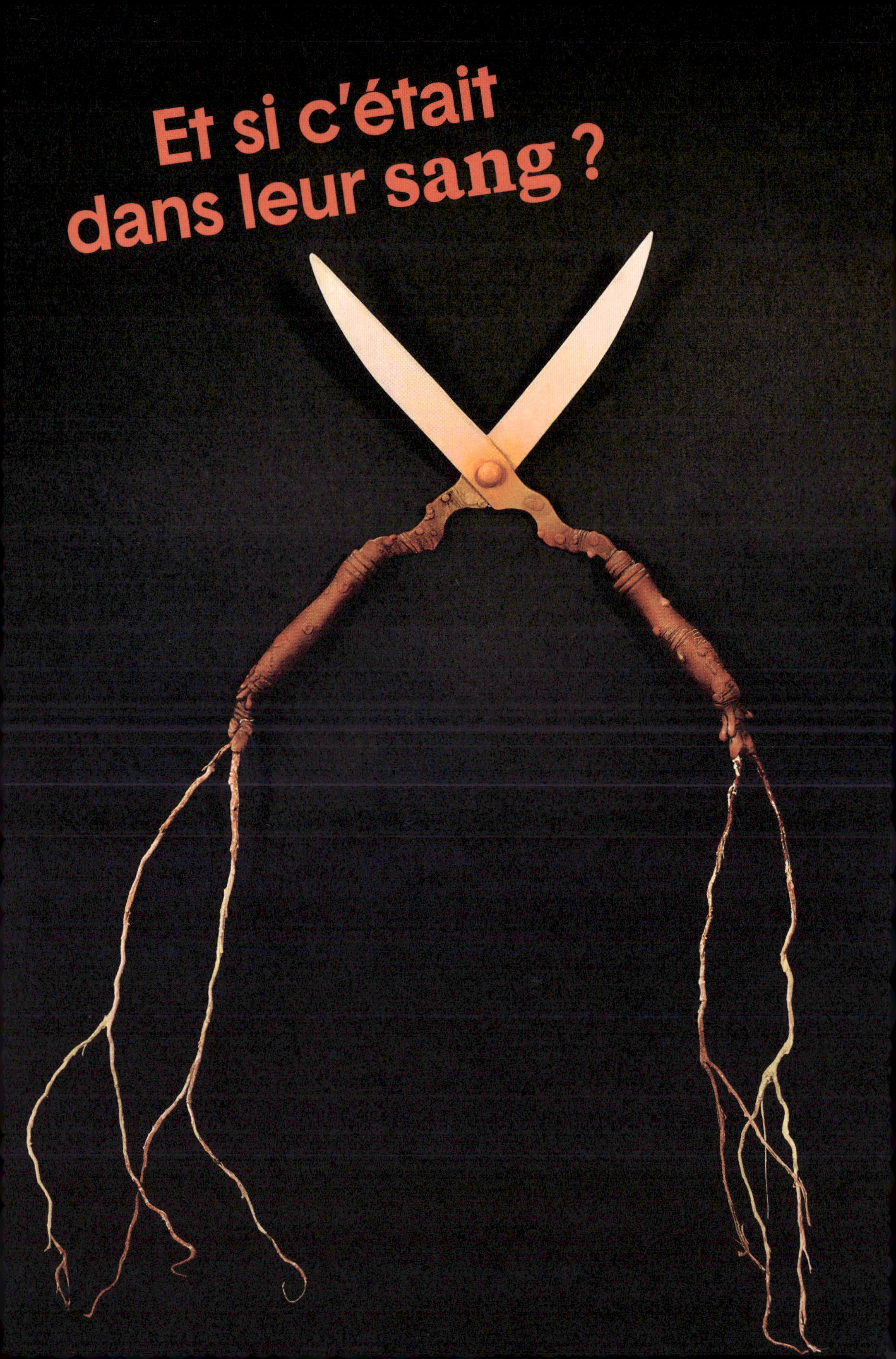
Et si c'était
dans leur sang ?

Le mot pour le dire

Les Européens chrétiens sont persuadés d'avoir le **sang pur,** une **nature supérieure** et une **civilisation magnifique.** C'est ce que leurs succès militaires et commerciaux semblent prouver. Mais il leur manque un discours pour se justifier et clouer le bec à ceux qui se posent des questions...

Le Français François Bernier va leur offrir un mot bien utile. Médecin et philosophe, curieux et joli garçon (dit la rumeur), c'est un savant passionné, comme beaucoup d'autres à l'époque, par les classifications. Il a voyagé au Proche-Orient, en Afrique de l'Est, en Inde et en Europe. Il publie, en 1684, un article dans *Le Journal des savants* : il s'appuie sur ses voyages pour diviser l'humanité en quatre races d'hommes.

Avec lui, le mot « race » prend un nouveau sens. Avant, il désignait une famille (la race des Atrides, des Capétiens), un peuple (la race des Gaulois, des Francs) ou une communauté (la race des voleurs). Après lui, il servira à nommer la division fondée sur une observation des hommes.

Dans son article, Bernier répartit les humains en quatre races, selon l'endroit où ils vivent :

- habitants de l'Europe, de l'Afrique du Nord, du Proche-Orient et de l'Inde, d'une partie de l'Asie (Sud-Est) et des Amériques,
- habitants de l'Afrique,
- habitants d'une autre partie de l'Asie (la Chine),
- habitants de la Laponie.

La couleur de la peau ou la forme du nez ne constituent pas des différences valables. La preuve : pour lui, les Chinois et les Japonais sont blancs.

François Bernier ne dit pas clairement qu'il y a des races meilleures que d'autres. Mais il fait comprendre que les habitants de l'Europe ont plus de qualités et il compare souvent les autres à des animaux. Voici comment il décrit les Lapons que l'on nomme aujourd'hui Saamis : « *Ce sont des petits courtaux* [sic] *avec des grosses jambes, de larges épaules, le col court, et un visage je ne sais comment tiré en long, fort affreux et qui semble tenir de l'ours.* »

PORTRAIT DE L'HUMANITÉ
EN QUATRE COULEURS

Lois spéciales pour hommes différents

Les colonies et l'esclavage posent des problèmes épineux aux Européens.

La France, par exemple, interdit l'esclavage sur son sol. La religion chrétienne ne l'autorise pas. Les premiers colons français ont épousé des esclaves noires avec lesquelles ils ont eu des enfants. Il existe donc des familles de propriétaires métissées et libres.

Marius-Pierre Le Mazurier, *Famille métisse*, 1775.
Dès le XVIIe siècle, des familles métisses, issues du mariage de colons blancs et d'esclaves noires, peuplent les colonies françaises caribéennes.

Comment protéger la culture de la canne à sucre qui dépend du travail gratuit des esclaves africains ? Comment combiner esclavage et religion chrétienne ? Et que faire de ces familles métissées ? Louis XIV règle toutes ces questions en une fois : il signe un édit réservé à ses colonies d'Amérique (Antilles, Saint-Domingue, Haïti, Cayenne, Louisiane...) qui fixe en 1685 les « lois » de l'esclavage et que l'on appellera **le Code noir.** Louis XIV déclare que les esclaves ont une âme, comme tout le monde. Ils seront donc chrétiens, qu'ils le veuillent ou non.

Si les esclaves ont une âme, c'est tout ce qu'ils ont. Pour le reste, ils sont des **« biens meubles »,** c'est-à-dire des objets que l'on achète et que l'on vend, que l'on peut séparer de leurs enfants, qui ne peuvent pas se marier sans l'autorisation de leur maître, qui n'ont pas le droit de faire du commerce ni de cultiver leur propre terre, et qui sont punis cruellement quand ils volent, désobéissent ou s'évadent. En échange, les maîtres doivent les nourrir et les habiller, les instruire, les enterrer au cimetière, ne pas les torturer ni les tuer sans raison. Mais comme un esclave ne peut pas dénoncer son maître à la justice sans son autorisation... il y a peu de risque qu'il se défende !

Sous le règne de Louis XIV, la couleur n'est pas synonyme d'esclavage. Il existe des **« hommes libres de couleur ».**

Napoléon franchit un pas de plus. Il fait entrer en 1802 le préjugé de couleur dans la loi française. Seuls les Blancs ont des droits. Les descendants de mariages mixtes, appelés « sang-mêlé libres », n'ont plus de droits civiques. Quant aux Noirs, ils sont esclaves, un point c'est tout.

La loi de 1848 abolit enfin l'esclavage et son Code noir. Mais le droit colonial, l'idée d'une justice spéciale pour des hommes différents, a un bel avenir devant lui.

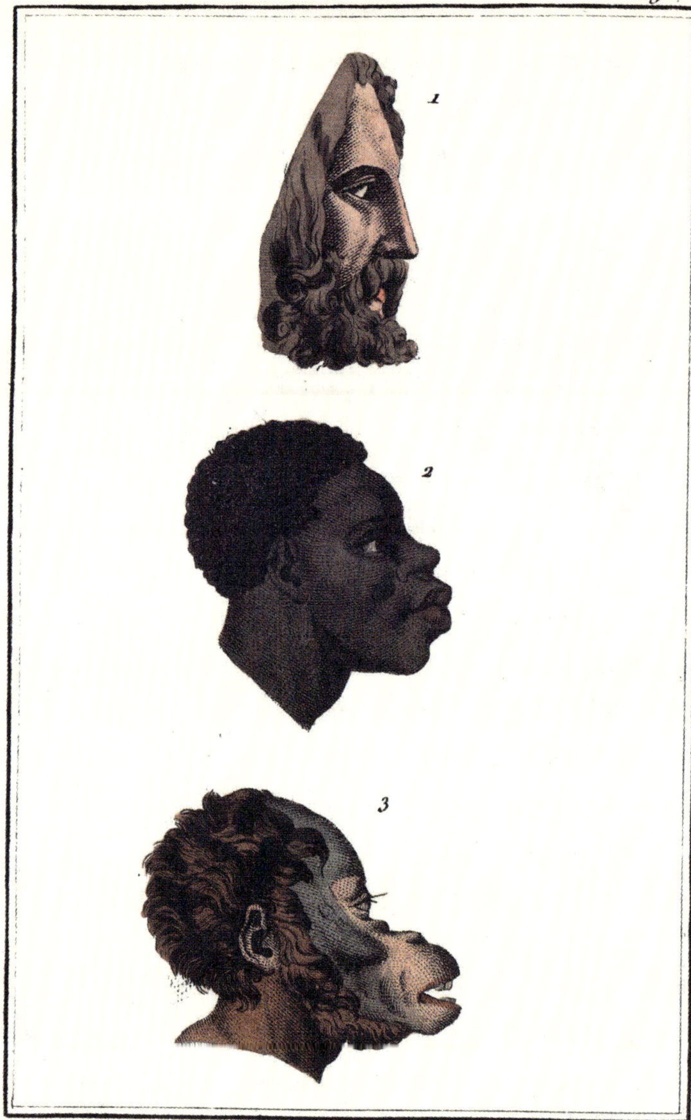

ESPÈCES.

1. Blanche angle facial . 90°
2. Nègre Eboé .... 75°
3. Orang (Singe) .... 65°

Mme Migneret sc.

Et le mot « race », quelle origine ?

On ne sait pas très bien d'où vient le mot « race ». Son origine est obscure. Vagabonde. Bâtarde.

Faites votre choix entre différentes propositions :

– du latin *ratio* qui veut dire « calcul, classement » (le problème étant que le mot latin ne peut pas directement donner le mot français),

– du latin *generatio* (« famille »), qui a donné *narazzia* à Venise, puis *razza,*

– d'un mot slave, qui s'est combiné, en Italie, avec le mot latin,

– de l'italien *razza* ou *rassa,* au sens d'espèce animale ou végétale, ou d'accord familial ou professionnel (en provençal, *razza* signifie bande de comploteurs),

– ou d'un mot portugais qui, au Moyen Âge, désigne un défaut dans un tissu.

Au XIXe siècle, les savants classent les humains et les animaux en fonction des caractéristiques physiques de leur « race ».

Adrien Migneret, « Angle facial des espèces », in *Histoire naturelle du genre humain*, par Julien-Joseph Virey, 1824.

La véritable recette de la fabrication de la race

Toi aussi, tu peux le faire !

1 Regarde autour de toi. Remarque que certaines personnes, qui présentent des différences avec toi, présentent en même temps des ressemblances entre elles. C'est pratique : tu peux choisir où tu vois les différences. Dans des caractéristiques physiques visibles (phénotypes) : couleur des cheveux, des yeux, taille, forme de la bouche, du nez... Ou dans des habitudes qui ne sont pas les mêmes que les tiennes (religion, alimentation, vêtement, mode de vie...).

2 Dis-toi ensuite que ces gens forment un groupe fermé, où ils sont tous pareils, de père en fils, de mère en fille et ainsi de suite. Sers-toi de quelques pensées simples et utiles : « *ils ont toujours été comme ça* », « *ils seront toujours comme ça* », « *c'est dans leur nature (leur religion, leur culture, leurs gènes, leur sang)* ». Tu peux associer une région du monde à ces groupes, mais ce n'est pas obligé. Tes voisins de palier font très bien l'affaire. Observe-les longtemps : ils te ressemblent mais quand même pas tout à fait.

3 Maintenant, donne des défauts « naturels » à ces groupes : voleurs, hypocrites, paresseux, idiots, criminels, malades, moches, sales, puants, cannibales... N'oublie pas de donner ces défauts à toutes les personnes du groupe. Mais garde les qualités pour toi.

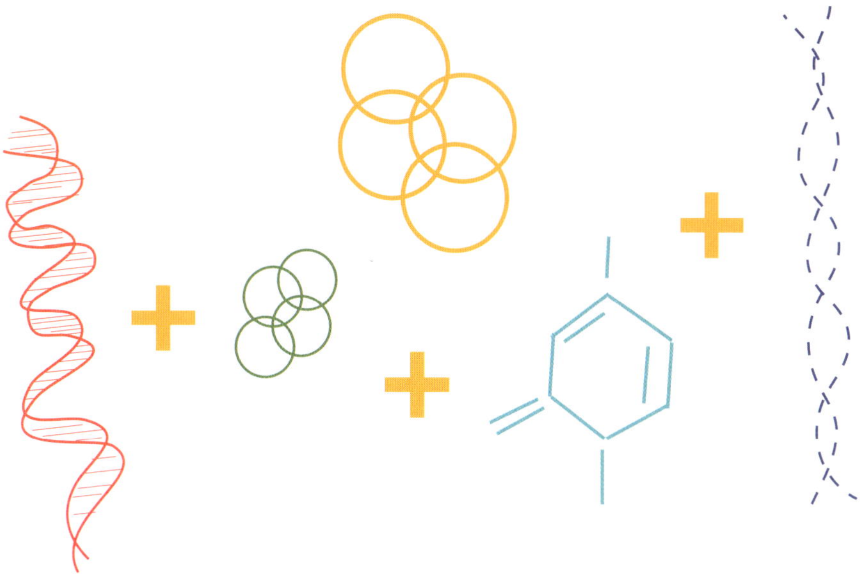

4 Il te manque des preuves ? C'est normal. N'hésite pas à en fabriquer.

5 Maintenant, regarde-toi : comme tu es beau, intelligent, courageux, inventif, en bonne santé, honnête et civilisé ! Vraiment, quand tu te compares, tu es supérieur. Tu n'as pas envie de vous défendre, toi et ta supériorité ?

6 Pour t'organiser, il faut que tu trouves des explications : pourquoi ces groupes sont nuls et pourquoi, toi, tu es génial ? À nouveau, tu as le choix : c'est Dieu qui le dit, la nature qui le dit, la science qui le dit, l'histoire qui le dit. L'important est de trouver une réponse simple et à la mode.

7 Tu as trouvé ? Parfait. Tu as de quoi te fabriquer un discours. Grâce à lui, tu vas informer ceux de ton groupe. Ils doivent savoir que vous êtes les meilleurs, et de naissance, c'est prouvé ! Pas de raison que vous n'en tiriez pas un petit bénéfice.

C'est fait. Tu viens de créer une race.
Il ne te reste plus qu'à lui déclarer la guerre.

Système de Linné

Ranger, classer

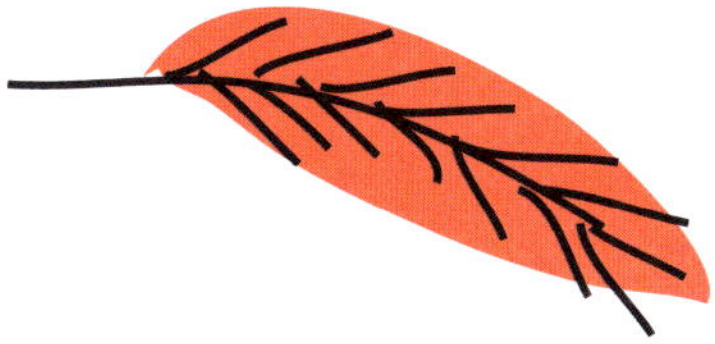

L'esprit scientifique se développe. Il se libère des croyances de la religion et des mirages de la magie. La méthode scientifique consiste à observer, à expérimenter et à vérifier. Elle améliore peu à peu la connaissance du monde. Mais il lui arrive aussi de se tromper…

Au XVIIIe siècle, **le siècle des Lumières,** les savants européens observent et classent les plantes et les animaux, en espèces, sous-espèces, familles, genres… Les plus célèbres sont un Suédois, Carl von Linné, et un Français, Georges-Louis Leclerc de Buffon. Ces deux naturalistes vont faire entrer l'être humain dans leur grand classement. Pour eux, il appartient au règne animal, comme une taupe ou un lapin. Cette idée choque les croyants qui préfèrent penser que l'homme a tout à voir avec Dieu et rien avec la nature.

Mais pour la connaissance, c'est **une révolution.**

Les deux grands savants sont dépendants des croyances, des ignorances et des préjugés de leur époque. Qu'ils l'affirment (Linné) ou non (Buffon), ils sont convaincus de la supériorité des Européens sur le reste du monde. Ils ne se contentent pas de décrire les hommes, ils construisent des catégories et les hiérarchisent. Leurs travaux et ceux d'autres savants serviront à construire une vision raciale du monde.

Linné classe et décrit les caractéristiques des végétaux avec une précision jamais atteinte jusqu'alors !

Pierre François Legrand, « Système de Linné », in *Nouvelle Flore usuelle et médicale*, par Frédéric Gérard, 1853.

Les hommes fixes de Linné

Linné étudie les végétaux avant d'étendre ses recherches aux animaux et aux humains. Il consacre des années de sa vie à écrire et à améliorer son livre, *Systema Naturæ* (l'Organisation de la Nature). De onze pages en 1735, il arrive à trois mille en 1758 ! C'est un gros travailleur qui a la réputation d'avoir un caractère épouvantable. Sa devise ne manque pas d'orgueil : « *Dieu a créé, Linné a organisé* ». Au moins, il est content de lui.

Linné a voyagé en Europe et en Laponie. Puis il envoie ses élèves dans le monde et construit son classement sur les souvenirs plus ou moins fantaisistes qu'ils lui rapportent. Pour lui, les qualités et les défauts dépendent de la couleur de peau, du mode de vie et du continent d'origine.

Linné est très croyant. En accord avec le texte de la Bible, il pense que Dieu a créé l'homme et que sa créature préférée n'a pas changé depuis. Pour expliquer les différences entre les humains, il est bien obligé d'en conclure que la volonté divine a créé des couples différents qui ont donné les différentes races d'hommes.

Les quatre races principales de Linné sont :

- les Indiens d'Amérique : rouges de peau, colériques, francs, enthousiastes et combatifs – société dirigée par les coutumes,
- les Africains : noirs de peau, flegmatiques, lents, détendus et négligents – société dirigée par le hasard,
- les Asiatiques : jaunes de peau, mélancoliques, inflexibles, sévères et avares – société dirigée par l'opinion,
- les Européens : blancs de peau, sanguins, musclés, rapides, astucieux et inventifs – sociétés régies par la loi.

L'une d'elles est supérieure aux autres. Sachant que le Suédois Linné est un homme blanc, devinez laquelle ?

Avec Linné, apparaît la boîte à outils du racisme :

- la division dès l'origine de *Sapiens* en races,
- l'association à chacune de traits physiques, de caractères, de sociétés et de continents (quatre, puisque l'Australie n'est officiellement découverte qu'en 1770),
- l'inégalité de ces races,
- la justification de cette division par la volonté de Dieu, l'ordre de la nature et le discours de la science.

Quelques fantaisies

Son immense travail de classement des végétaux et des animaux fait de Linné un grand naturaliste.

Ajoutons qu'il était un homme inventif qui a découvert le moyen de cultiver les perles rondes, en glissant un fil d'argent dans les coquillages pour les inciter à faire de la nacre... À son époque, les Européens ont ignoré cette belle invention. Que les Japonais ont redécouverte au début du XXe siècle !

Des perles, Linné en a produit quelques-unes de belle taille ! C'est normal. Les sciences débutantes ne sont pas à l'abri des erreurs.

Linné a ainsi complété ses quatre races par deux autres, très mystérieuses :

- les monstrueux, parmi lesquels on trouve en vrac des hommes velus, des nains des Alpes, des géants de Patagonie et des Hottentots...
- les enfants sauvages, comme l'*Homo ferus,* chevelu, muet et à quatre pattes.

Il croyait dans l'existence d'être humains pourvus d'une queue.

Il pensait qu'à l'approche de l'hiver, les hirondelles se cachent au fond des lacs jusqu'au printemps. Ou que les serpents à sonnettes hypnotisent les écureuils pour qu'ils leur tombent dans la gueule.

Il avait enfin sa petite théorie sur la création du monde : après le Déluge, Dieu a déposé un couple de chaque espèce sur une île au centre de laquelle s'élevait une seule et grande montagne. La montagne offrant toutes sortes de climats, chaud en bas, froid en haut, cela expliquait que plusieurs races humaines aient pu apparaître dans un seul endroit !

FANTAISIE
DE L'HOMME VELU

L'homme variable de Buffon

« L'homme sauvage parle comme
l'homme policé, et tous deux parlent naturellement,
et parlent pour se faire entendre. » **Buffon**

Pour écrire sa grande *Histoire naturelle,* le naturaliste et mathématicien Georges-Louis Leclerc, comte de Buffon, travaille avec son ami d'enfance : Charles de Brosses lui résume sa grande collection de récits de voyages, rapportés par des commerçants, des navigateurs et des religieux. Il y a de tout là-dedans, des informations sur les plantes, les animaux, les hommes, les climats. À partir de là, Buffon va construire sa théorie de l'homme.

Il défend l'idée que les humains font partie de la même espèce et qu'ils se ressemblent tous. Pour expliquer leurs différences, il parle de « *variétés dans l'espèce humaine* », qu'il associe aux conditions de vie, à l'histoire et au climat. Rien n'est figé. Si son environnement change, l'humain change aussi. Buffon fait entrer l'idée de l'évolution dans l'histoire de l'humain.

Il ne cherche pas de preuves chez Dieu ni dans la Bible. Pour lui, le langage montre assez que l'espèce humaine est unique, et différente des espèces animales. « Sauvages » ou pas, tous les hommes se parlent. Sans compter qu'ils se reproduisent entre eux, s'influençant les uns les autres.

Personne n'est parfait... Buffon pense que les premiers humains sont blancs et vivent en Europe. C'est en s'éloignant des climats tempérés qu'ils noircissent ou que leur peau se tanne. Ils sont humains, oui, mais ils dégénèrent. Rien d'irréversible : s'ils revenaient dans leur berceau climatique, ils redeviendraient blancs. Décidément, l'humanité, c'est compliqué. Placée devant tant d'énigmes (et si peu de connaissances), la pensée des savants, même brillants, est souvent confuse.

Reste que Buffon juge que les Européens sont plus réussis que les autres, notamment les Africains, même s'il condamne la cupidité et la cruauté exercée sur les esclaves : *« Je ne puis écrire leur histoire sans m'attendrir sur leur situation, ne sont-ils pas assez malheureux d'être réduits à la servitude, d'être obligés de toujours travailler sans pouvoir jamais rien acquérir ? faut-il encore les excéder, les frapper et les traiter comme des animaux ? »* (*Histoire naturelle,* tome III).

L'œuvre de Buffon correspond à l'esprit des philosophes de son époque (les « philosophes des Lumières »). Mais elle a moins d'influence en son temps que celle de Linné, qui passe pour plus « scientifique ».

Trop, c'est trop

Ce n'est plus possible. On a beau vivre tranquillement en Europe, on ne peut plus ignorer le sort des esclaves arrachés d'Afrique pour être vendus dans les colonies. Une **Société des amis des Noirs** voit le jour en France en 1788, un an avant la Révolution. Elle veut l'arrêt immédiat du commerce triangulaire (la « traite »), l'égalité pour les Blancs et les hommes « libres de couleur ». Mais elle ne veut pas de **l'abolition de l'esclavage.** Pourquoi pas tout de suite ? Pour ne pas ruiner l'économie sucrière. Et parce que, dit-elle, il faut d'abord éduquer les esclaves à la liberté. Ce n'est pas très glorieux. Mais les esprits sont en train de changer.

En France, mais aussi dans les autres pays d'Europe, les gens se mobilisent, au nom de l'esprit des Lumières ou de leur foi chrétienne. Ils ne pensent pas tous que les hommes sont égaux, loin de là. Mais ils sont choqués par **les horreurs de l'esclavage.** En face d'eux, le parti des colons n'a pas l'intention de se laisser attendrir. Trop d'intérêts sont en jeu.

La Révolution française de 1789 n'abolit pas l'esclavage. Mais des indignés se font entendre : les idées qu'ils défendent finiront par gagner, une première fois en 1794, puis définitivement en 1848. Seulement ils ne seront plus là pour fêter leur victoire, l'abolition de l'esclavage. C'est le cas de l'écrivaine Olympe de Gouges, qui se bat aussi pour les droits des femmes : elle sera guillotinée en 1793. Ou de l'abbé Grégoire, « *ami des hommes de toutes les couleurs* », qui défend toute sa vie l'égalité des Noirs et des Blancs : il mourra en 1834.

« Un commerce d'hommes !... Grand Dieu ! Et la Nature ne frémit pas ! S'ils sont des animaux, ne le sommes-nous pas comme eux ? Et en quoi les Blancs diffèrent-ils de cette espèce ? »

Olympe de Gouges

La devise « Liberté, Égalité, Fraternité » n'est pas une réalité, mais elle porte les espoirs de libération dans les colonies. Les révoltes d'esclaves, qui existent depuis le début de la traite, se multiplient durant la Révolution.

Dans la colonie de Saint-Domingue, en 1791, Toussaint Louverture, un ancien esclave affranchi, organise la rébellion. Soutenant ce mouvement, la France abolit l'esclavage dans ses colonies de 1794 à 1802. Quelques années plus tard, en 1804, Jean-Jacques Dessalines, lieutenant de Louverture, proclame l'indépendance de l'île sous le nom de Haïti.

Double page suivante
François-Auguste Biard, *L'Abolition de l'esclavage dans les colonies françaises en 1848*, 1849.
Une vision enthousiaste mais sans doute idéalisée de l'abolition...

Ni la Société des amis des Noirs, ni les philosophes des Lumières, ni Olympe de Gouges, ni même Toussaint Louverture ne sont sans défauts. Mais le principal est que leurs idées sont guidées par la même intuition : pourquoi vouloir à tout prix dresser des différences entre les hommes, quand leurs ressemblances sont si évidentes ?

Biard

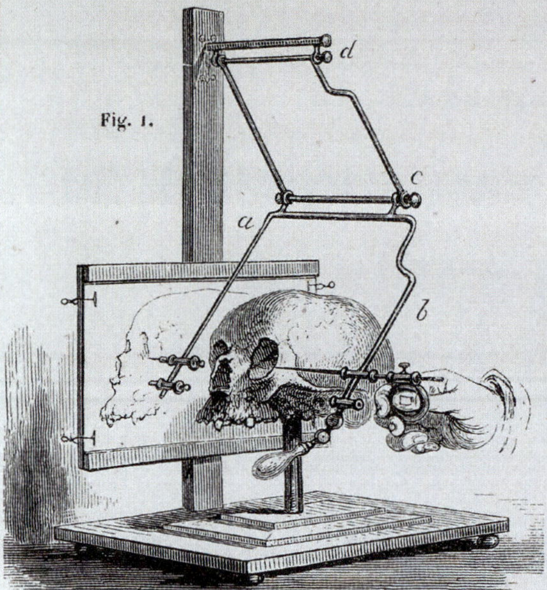

Fig. 1.

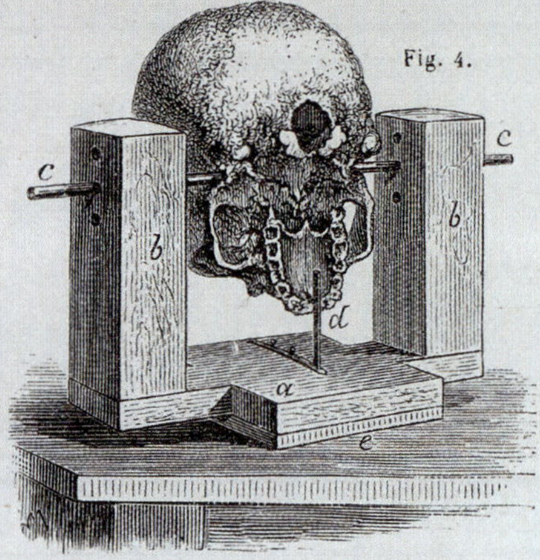

Fig. 4.

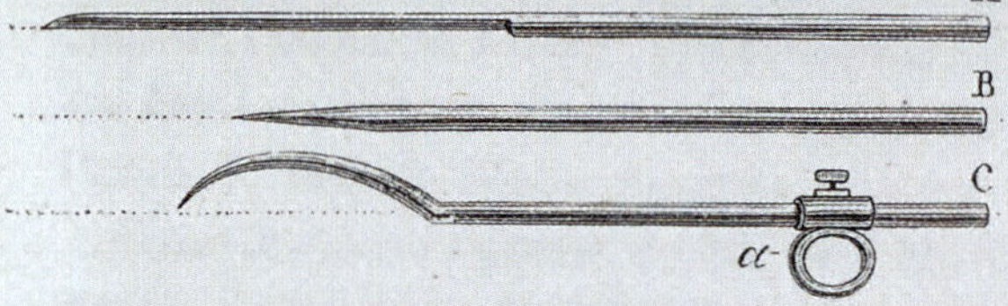

Fig. 2.

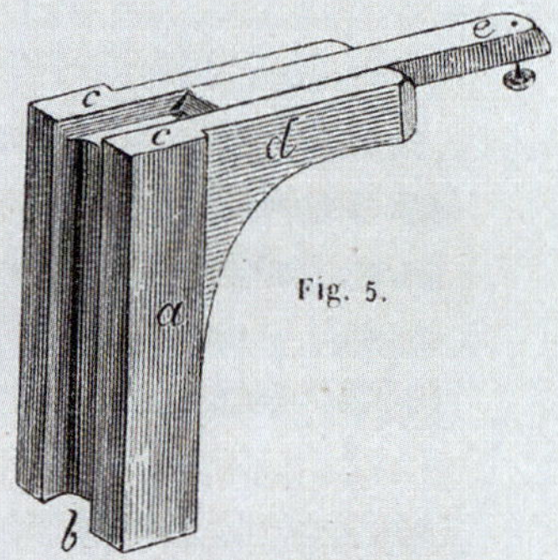

Fig. 5.

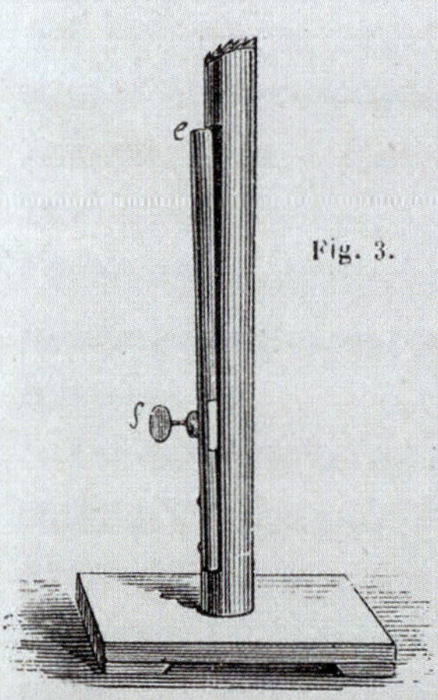

Fig. 3.

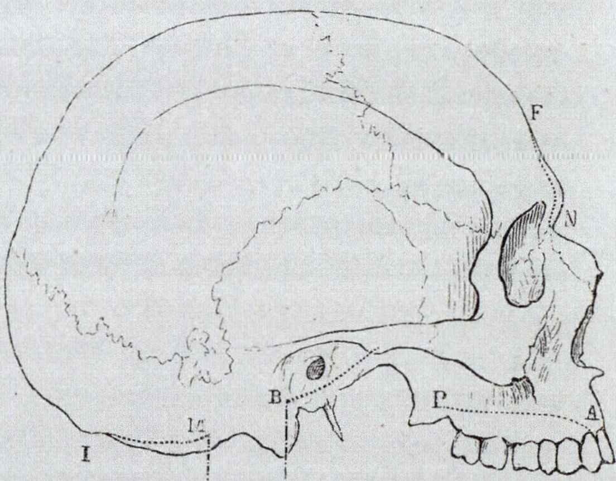

Fig. 6.

Des races comme s'il en pleuvait

Paul Broca, *Mémoires d'anthropologie*, 1871.
Paul Broca invente d'incroyables instruments pour mesurer le corps humain. Son but est malheureusement de démontrer l'inégalité des « races humaines ».

Au XIXe siècle, le temps des classements un peu fantaisistes de Linné et Buffon est fini : c'est le siècle de la science ! Plus question de rassembler les souvenirs de voyage des uns et des autres pour en tirer des conclusions. Il faut être sérieux ! Les savants se mettent à peser et à mesurer tout ce qui leur tombe sous la main, des cerveaux, des crânes, des mâchoires, des squelettes. Prendre des mesures ne fait de mal à personne. En tirer des conclusions est plus dangereux. Surtout quand on croit que le cerveau « produit » des idées : plus il est gros, plus il en fabrique...

Les successeurs de Linné et Buffon se mettent d'accord sur l'existence de quatre races, blanche, jaune, noire et rouge. Mais, comme évidemment la réalité ne colle pas tout à fait à la division..., ils divisent encore plus ! Les Européens par exemple sont répartis à leur tour en trois races : les Nordiques, les Méditerranéens et les Alpins. Le mouvement ne s'arrête pas là. À force de vouloir trouver des différences, un jour, on se retrouvera avec plus de cent races ! Évidemment, tout le monde n'est pas d'accord sur le nombre, ni sur les caractéristiques des unes et des autres. Mais les chercheurs ont la même certitude : les races sont différentes par nature.

Les sciences naturelles ne sont pas les seules à découper l'espèce. Les sciences humaines s'en occupent aussi. De grands philosophes, historiens et géographes élaborent des théories qui hiérarchisent les civilisations, sur le principe du classement racial. Et, bien entendu, pour eux, la meilleure, la plus aboutie, la seule vraiment civilisée, est la civilisation européenne. Elle est donc appelée à écraser les autres... Pour leur bien, évidemment.

Et pendant ce temps, les affaires continuent

« Les races supérieures ont un droit vis-à-vis des races inférieures [...] parce qu'il y a un devoir pour elles [...] de civiliser les races inférieures. »
Jules Ferry

L'un après l'autre, les pays abolissent la traite des Noirs, puis l'esclavage. La France y arrive en 1848. Il faudra une guerre entre ses États du Nord et ceux du Sud pour que l'Amérique y renonce à son tour, en 1865.

C'est un progrès. Mais qui cache une réalité moins brillante. La technique et l'industrie transforment le monde à grande vitesse, et les cultures du coton ou de la canne à sucre ont perdu de leur importance. Les possédants n'ont plus besoin de l'esclavage qui entraîne des révoltes et des contestations. Ils emploient des travailleurs libres, peu payés et sans droits sociaux.

Mais une grande part de la richesse vient toujours de l'exploitation des terres et des peuples étrangers. La plupart des pays européens envahissent d'immenses territoires, en Afrique, au Proche-Orient, en Asie. Ils leur imposent des frontières, des lois et des gouvernements. Ils s'approprient leurs ressources agricoles, minières, humaines. Tout au long du XIXe siècle, ils agrandissent leurs empires coloniaux.

L'argument de la race sert la colonisation. La « race blanche » étant supérieure, que ce soit par le sang ou la culture, elle a le droit, mais aussi le devoir, de « *civiliser les races noire ou jaune* ». C'est pour leur bien que les colonisés sont envahis, que leurs terres sont confisquées, que leur travail est exploité.

Dans les pays européens et en Amérique, riches et pauvres partagent le même mépris pour les « sauvages ». L'idée a gagné toute la société que ces hommes de culture et de traits différents sont des êtres inférieurs, assez proches des bêtes. Pendant des années, les manuels scolaires présentent une division raciale de notre espèce. Et des « foires d'humains » vont jusqu'à exhiber dans les grandes villes européennes des habitants d'Afrique, d'Asie, d'Australie. Des millions de spectateurs viennent les observer et s'amuser d'eux.

Masque heaume surmonté d'un personnage coiffé d'un casque colonial, XXe siècle.

Cette sculpture d'un artiste africain symbolise le poids de la colonisation.

La faute de Gobineau

Parmi tous les raciologues de l'époque, l'homme qui donne au racisme ses armes aux conséquences les plus terribles n'est pas un scientifique. C'est un noble français sans fortune, plein de ressentiment, furieux contre les révolutions et la fin des privilèges de l'aristocratie. Diplomate (il travaille pour les ambassades françaises dans le monde), il écrit des quantités de livres médiocres où il expose ses sentiments et ses idées. L'un d'eux deviendra tristement célèbre : *De l'inégalité des races humaines,* paru en 1885.

Arthur de Gobineau y vante une race « *supérieure* », européenne bien sûr, qu'on trouve chez les Germains (Allemands) et les Scandinaves des pays du Nord : la race des Aryens. Pour lui, tous les malheurs du monde viennent du métissage de cette prétendue race. Il faut dire que Gobineau lui-même faisait remonter ses ancêtres au dieu nordique Odin... Conclusion : pour empêcher la ruine de la civilisation, il faut préserver la pureté du sang aryen et interdire le métissage.

Avec Arthur de Gobineau et beaucoup d'autres raciologues, on passe d'une pensée « raciale » à une pensée « raciste ». Il ne s'agit plus d'essayer de comprendre (même en se trompant). Il faut domestiquer l'autre et parfois l'éliminer. C'est une question de survie.

Quand il paraît, le livre de Gobineau ne rencontre pas un grand succès. On l'aurait oublié s'il n'avait pas été repris et utilisé quelques années plus tard par des militants racistes comme l'Anglais Houston Steward Chamberlain ou l'Américain Madison Grant. Les nazis s'en serviront pour appuyer leurs projets de discrimination, d'exploitation, et finalement d'extermination.

ANATOMIE D'UN GRAND MÉTIS
UN PEU DE CI
COULEUR ROUGE
UN PEU DE ÇA
DES TACHES
DU VIDE
BEAUCOUP DE BRUIT
CŒUR
ET CÆTERA

Hinter den
Feindmächten:
der Jude

СПЕШИ КОЗАК, НАСТАЛО ВРЕМЯ - СЕМЬЮ И РОДИНУ СПАСТИ!
ДОВОЛЬНО ТЯГОСТНОЕ БРЕМЯ С ПОЗОРОМ НА ПЛЕЧАХ НЕСТИ!

Légendes des nations

La nation est un ensemble de gens qui vit sur un même territoire, qui a une certaine idée de son unité (fondée sur l'histoire, la langue, la culture... comme on veut), et qui se dote d'un même État. **Le nationalisme est le sentiment exalté de la nation.** Il se marie très bien avec la xénophobie, qui est la peur de l'étranger. Et avec le racisme, dès que l'occasion se présente.

Pour l'Europe, le XIXe siècle est celui des nations. Elles se créent par la révolution (France), les révoltes (Grèce, Belgique, Portugal), les alliances (Italie, Allemagne)... De nombreux peuples se soulèvent avec plus ou moins de succès pour obtenir leur indépendance nationale.

Le racisme ne met pas longtemps à infester le nationalisme. La **xénophobie,** qui s'adresse le plus souvent aux travailleurs pauvres qui passent les frontières, reprend la même pensée et le même vocabulaire. On sera raciste en France envers les Belges, les Italiens, les Espagnols, les Polonais... Un racisme remplace l'autre, en fonction du dernier « étranger » arrivé. Les arguments ne changent pas : pauvres, sales, menteurs, fainéants, voleurs et toujours inassimilables.

On se sert des mêmes **préjugés racistes** à l'intérieur du pays. Une idée à la mode prétend que les Parisiens descendent des Francs vainqueurs, tandis que les habitants des régions sont les héritiers dégénérés des Gaulois vaincus. Les Bretons, les Marseillais, les Auvergnats sont tour à tour déclarés irrécupérables.

Deux affiches de propagande vers 1940. À gauche, une affiche nazie : « *Derrière les forces ennemies : le juif* ». À droite, une affiche soviétique ciblant les juifs : « *Cosaque, il est temps de sauver ta famille et ta patrie ! Il est temps de te libérer du fardeau qui pèse sur tes épaules !* »

Pourtant ennemis, les régimes nazi et soviétique sont tous deux antisémites.

« Les principaux traits de la race bretonne sont la malpropreté, la superstition et l'ivrognerie. »

Manuel de géographie, 1929

Les voyants

L'ignorance et la vision « raciale » de l'humanité imprègnent tellement cette époque qu'il est très difficile d'y trouver des esprits sans préjugés.

Pourtant, des femmes et des hommes, même dans la classe politique, critiquent les certitudes et les crimes coloniaux.

Mais c'est un intellectuel haïtien, avocat, enseignant, diplomate, homme politique, Joseph Anténor Firmin, qui répond directement aux raciologues, dont Gobineau. Membre de la Société d'anthropologie de Paris, il publie en 1885 *De l'égalité des races humaines*, qui détruit les soi-disant preuves de l'infériorité des hommes noirs et les ramène au rang de superstitions. Sans renoncer à l'idée de race (il appartient à son époque), Firmin défend brillamment l'idée que tous les hommes sont égaux. Si son œuvre est depuis devenue une référence et un objet d'admiration, elle est peu lue et largement ignorée de ses contemporains.

> « La conquête que vous préconisez, c'est l'abus pur et simple de la force […] pour s'approprier l'homme, le torturer, en extraire toute la force qui est en lui au profit du prétendu civilisateur. Ce n'est pas le droit : c'en est la négation. Parler à ce propos de civilisation, c'est joindre à la violence l'hypocrisie. »
>
> Réponse de Georges Clemenceau à Jules Ferry

« Digne et fière, intelligente et laborieuse, qu'elle grandisse donc, prospère et monte sans cesse, de progrès en progrès, cette race noire si pleine de sève et de généreuse vitalité ! »

Joseph Anténor Firmin

Charlotte Salomon,
***La Nuit de cristal*,**
1940-1942.

Durant la nuit du 9 novembre 1938, à Berlin et ailleurs en Allemagne, les nazis détruisent synagogues et commerces juifs, tuant aussi plus d'une centaine de personnes.

Vieilles haines, nouvelles races

La haine des juifs, puis celle des Tsiganes, connaît à la fin du XIXe siècle une terrible évolution.

L'ancien antijudaïsme se transforme en antisémitisme. Ce qui était jusque-là une affaire de religion devient une question de race. Toutes les vieilles recettes du complot sont utilisées pour inventer une soi-disant internationale juive qui serait responsable des malheurs des nations : guerres, crises économiques, etc. Quand les « preuves » ne suffisent plus, on les invente. En 1901, un espion russe fabrique à Paris *Les Protocoles des sages de Sion,* un faux document sous-titré *Programme juif de conquête du monde.* Les discours et les caricatures antisémites, très violents, se répandent dans toutes les couches de la société. La haine des juifs devient centrale dans les programmes politiques de l'extrême droite.

Les peuples nomades d'Europe attirent la curiosité malfaisante de la pensée raciste. On leur trouve des origines communes bien utiles pour leur attribuer des défauts communs. Pour les contrôler et les chasser, un carnet d'identité spécial est créé, individuel puis familial. C'est le carnet anthropométrique.

Pierre-Joseph Proudhon

« Je hais cette nation. [...] Le Juif est l'ennemi du genre humain. Il faut renvoyer cette race en Asie, ou l'exterminer. Par le fer, par le feu ou par l'expulsion, il faut que le Juif disparaisse. »

Le Petit Journal, 1907

« Qu'on débarrasse au moins nos campagnes de tous ces gens sans aveu, sans état civil, sans patrie qui terrorisent nos villages et grugent nos paysans. »

La pandémie

Il n'y a pas que les hommes qui bougent. Les idées aussi. Les théories raciales se répandent partout dans le monde. Dans de nombreux pays, les gouvernements s'en servent pour étendre leur pouvoir et justifier leurs politiques.

Le Japon colonise les îles de Taïwan (1895), de Hokkaido (1869) et la Corée (1910). Les habitants de l'île de Hokkaido, les Aïnous, sont considérés comme inférieurs, sur le modèle européen de la « science des races ». Ils n'ont plus le droit de parler leur langue, ni de respecter leurs coutumes. Ils sont forcés d'adopter le mode de vie japonais.

Au XIXe siècle, le Japon annexe l'île de Hokkaido où vit le peuple aïnou et l'oblige à adopter la langue et les coutumes japonaises. C'est ce que l'on appelle l'« assimilation forcée ».

Planches XI à XIII in *The Aïnos*, par David MacRitchie, 1892.

Au Rwanda, les colons belges distinguent deux « races » dans la population qui vivait jusque-là en bonne entente. Ils attribuent des qualités physiques et de caractère différent aux Hutus et aux Tutsis, et privilégient les Tutsis. **Ils fabriquent de l'injustice et du ressentiment,** et dressent l'une contre l'autre les deux « ethnies » qu'ils ont créées. Ce qui leur permet d'imposer leur pouvoir.

Dans l'Empire ottoman, le mouvement nationaliste des « Jeunes Turcs », conseillé par des militaires racistes allemands, désigne les Arméniens qui vivent dans le pays comme inférieurs, étrangers et hostiles. Après de nombreuses persécutions, un immense massacre est organisé par les « Jeunes Turcs ». Entre 1915 et 1917, près d'un million et demi d'hommes, de femmes et d'enfants sont arrêtés, déportés vers les déserts et assassinés.

Aux États-Unis, les États du Sud n'ont pas accepté l'abolition de l'esclavage. Le Ku Klux Klan, mouvement nationaliste créé en 1865, veut défendre la « suprématie » des Blancs protestants contre tous les autres. Ses membres se réclament des théories raciales de Gobineau. Ils terrorisent les Noirs par la plus grande violence.
En 1876, des lois de ségrégation sont votées pour empêcher les anciens esclaves et leurs enfants d'exercer leurs droits. Elles imposent **la séparation des Noirs et des Blancs** dans tous les endroits publics, écoles, hôpitaux, restaurants, bus, et même dans les immeubles. Elles interdisent aux Noirs les métiers de fonctionnaires et punissent les mariages et même les relations amoureuses entre Noirs et Blancs. Elles sont appelées **les lois Jim Crow.**

Double page suivante
Jacob Lawrence,
De toutes les villes du Sud, les migrants voyagent par centaines vers le nord,
« La Migration »,
planche 3, 1941.

Entre les Première et Seconde Guerres mondiales, de nombreux Afro-américains quittent les champs de coton du Sud ségrégationniste pour aller travailler dans les industries du Nord, réputé moins raciste.

3

3

Le délire nazi : vive la mort !

Les nazis mesurent le crâne des enfants pour déterminer s'ils sont de type « aryen » ou s'ils doivent être rééduqués.

Photographie d'une jeune Polonaise ne correspondant pas aux critères de la « race aryenne », 1943.

Double page suivante
Cadavres de déportés au camp de Nordhausen retrouvés par les soldats américains lors de la libération du camp en avril 1945.

C'est en Allemagne que la logique raciste va être poussée à son extrémité. Toute la politique d'Hitler est fondée sur l'idée de la suprématie de la « race aryenne », appelée à diriger le monde et à éliminer les races « inférieures » ou « dégénérées », les « sous-hommes » (juifs, Tsiganes, Slaves). Elle est exposée dans son livre *Mein Kampf* (Mon Combat) qui reprend les idées de Gobineau et de ses admirateurs. Le pays humilié par la Première Guerre mondiale et ruiné par les crises économiques se range derrière son parti nazi.

Les juifs sont désignés comme les principaux ennemis du « Grand Royaume » qu'Hitler rêve de créer. Ils sont persécutés par des lois de plus en plus inhumaines, qui les excluent de la société et les livrent à la violence. Tous les moyens de la communication et de la publicité sont utilisés pour exciter la haine dans la population.

Les premières victimes du projet racial nazi sont les handicapés et les malades mentaux, qui ne correspondent pas à l'idéal de la « race pure ». Ils sont assassinés dans les hôpitaux ou des « cliniques » spéciales.

Les Allemands qui s'opposent sont éliminés ou réduits au silence par la terreur. Les pays voisins ne protestent pas.

Le projet raciste d'Hitler est tout entier dirigé vers la guerre. Elle éclate en Europe en 1939 et gagne le monde entier. Tandis que les gouvernements des pays d'Europe se soumettent les uns après les autres, et s'allient pour certains avec Hitler, les nazis mettent en œuvre leur plan d'extermination. Des millions de personnes juives, des centaines de milliers de personnes tsiganes sont exécutées ou envoyées dans des camps où elles sont assassinées. Les nazis s'organisent pour tuer le plus grand nombre possible de gens. Les camps d'extermination sont des usines de la mort.

Les tueurs étaient au gouvernement. En accord avec une grande partie des citoyens, ils se sont servis de la loi et ont mobilisé les armées. Malgré le courage de ceux qui se sont opposés.

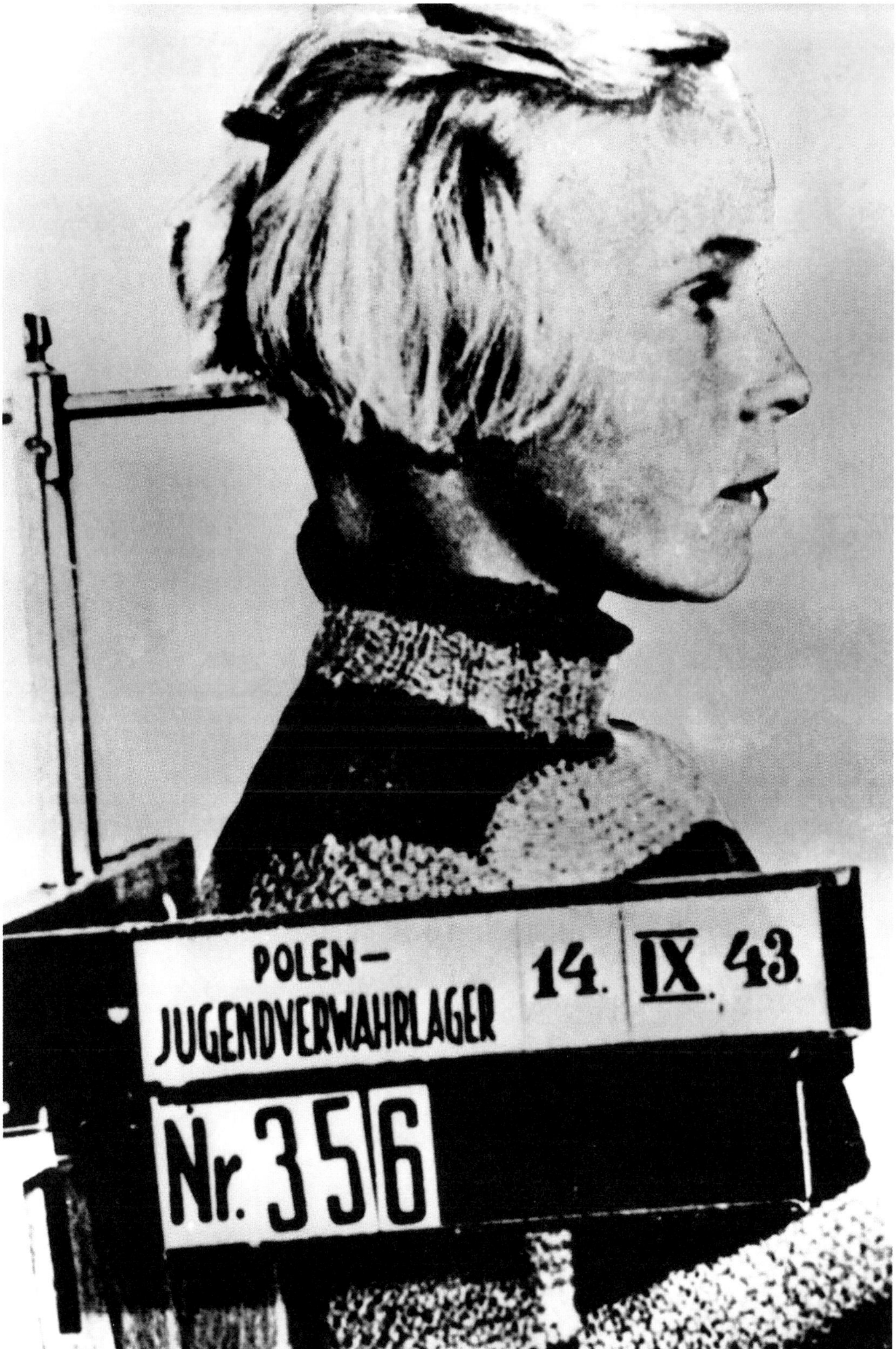
POLEN-
JUGENDVERWAHRLAGER
14. IX. 43
Nr. 356

Au nom de la race

Au nom de la pureté de la race, en Europe, en moins de cinq ans, de 1941 à 1945,

5 à 6 millions de personnes juives,

250 000 à 500 000 personnes tsiganes,

275 000 personnes malades ou handicapées

et aussi des dizaines de milliers de personnes noires, slaves, homosexuelles

ont été désignées pour être méthodiquement assassinées.

Plus jamais ça ?

Des morts par millions. Des cultures disparues. Des pays en cendres. Il devient difficile d'ignorer où conduit la « science » des races, et les discours de rejet et de haine qui excitent les populations.

Pour empêcher le retour des massacres, **les organisations internationales** créées à la fin de la Seconde Guerre mondiale veulent en terminer pour toujours avec le racisme, et même avec l'idée de race.

En 1948, la Déclaration universelle des droits de l'Homme proclame : « *Tous les êtres humains naissent libres et égaux en dignité et en droits. Ils sont doués de raison et de conscience et doivent agir les uns envers les autres dans un esprit de fraternité.* »

L'Unesco (Organisation des Nations-Unies pour l'éducation, la science et la culture) déclare en 1946 : « ***Le racisme s'alimente de notions scientifiquement fausses et de dogmes irrationnels*** *ayant conduit tout droit à la guerre.* » Elle mobilise les plus grands scientifiques pour en finir avec les préjugés raciaux. Leurs travaux durent des années afin de préciser comment nous pouvons vivre ensemble, en paix, dans l'unité et le respect les différences. Dans sa déclaration de 1978, l'Unesco écrit : « *Tous les êtres humains appartiennent à la même espèce et viennent d'une même souche.* »

Dans de nombreux pays du monde, les gouvernements adoptent ces positions antiracistes et les font entrer dans la loi. En France, elles sont inscrites dans le premier article de la Constitution de 1958 : « *La France est une République indivisible, laïque, démocratique et sociale. Elle assure l'égalité devant la Loi de tous les citoyens sans distinction d'origine, de race ou de religion. Elle respecte toutes les croyances.* »

Pas si vite !

Keith Haring, *Libérez l'Afrique du Sud*, 1985.

Entre 1948 et 1991, en Afrique du Sud, le régime d'apartheid interdit toute mixité raciale.

Mais rien n'empêche certains pays de poursuivre, et même de créer, des politiques ouvertement racistes.

En 1948, l'Afrique du Sud instaure l'apartheid, qui fait entrer les discriminations racistes et la ségrégation dans la loi du pays. La population est divisée en quatre races (Blancs, Indiens, Colorés, Noirs), qui n'ont pas les mêmes droits. Les Noirs n'ont pas le droit de vote, ils doivent porter sur eux un passeport intérieur qui leur sert à se déplacer, Blancs et Noirs ne peuvent pas se marier ensemble, ni fréquenter les mêmes lieux publics. Des territoires séparés sont créés pour isoler les populations noire et blanche. Ce régime dure jusqu'en 1991. Nelson Mandela, qui l'a combattu toute sa vie, deviendra en 1994 le premier président de la nouvelle Afrique du Sud.

La ségrégation raciale est encore appliquée aux États-Unis à la même époque, surtout dans les États du Sud. Le mouvement pour les droits civiques, mené par Martin Luther King, combat pour l'abolition des lois racistes et l'égalité des droits. D'immenses manifestations non violentes affrontent la violence de la police et des groupes racistes. De 1954 à 1964, les lois Jim Crow sont abolies une à une. Martin Luther King est assassiné en 1968.

Au Rwanda, la haine créée entre Hutus et Tutsis par les colons n'a cessé de grandir. En 1994, le gouvernement appelle au massacre. Les journaux et la radio encouragent les Hutus à la violence contre leurs voisins tutsis. En cent jours, un million de personnes, un Rwandais sur sept, sont assassinées tandis que le monde se tait.

Dans l'ancienne Yougoslavie, de 1992 à 1995, les habitants serbes, croates et bosniaques se déchirent, alors qu'ils étaient jusque-là voisins et souvent amis. Des populations sont déplacées d'une région à l'autre pour qu'elles ne soient plus mélangées. En Bosnie, des miliciens serbes mènent une guerre d'extermination contre les habitants musulmans.

« J'ai combattu contre la domination blanche et j'ai combattu contre la domination noire. J'ai chéri l'idéal d'une société libre et démocratique dans laquelle tout le monde vivrait ensemble en harmonie et avec des chances égales. »

Nelson Mandela

Kerry James Marshall,
École de beauté,
École de culture, 2012.

Aux États-Unis, les salons de beauté afro-américains sont un lieu d'échange, de création et de transformation de l'identité culturelle.

Les habits rafistolés de la race

Même si le racisme sert toujours la domination et les guerres, l'idée de race a perdu sa valeur « scientifique ». Plus personne ne peut croire à la pureté du sang, aux mesures des crânes ou au poids du cerveau... Ce n'est pas fini pour autant. Trop de gens ont intérêt à utiliser le discours de l'inégalité « naturelle » entre les groupes humains.

L'une des ruses est de remplacer le mot « race » par le mot « ethnie ». Si ce n'est pas vraiment la couleur de peau, alors c'est la culture qui fait la différence. On prétend que leur culture imprègne tellement les gens qu'ils ne peuvent pas évoluer, et qu'ils menacent les autres. Plus besoin de s'encombrer de la race. Le rejet et l'exclusion peuvent se faire au nom de « l'ethnie ». Le mécanisme ne change pas : méfiance, colère, haine, violence.

L'autre ruse vient des progrès de la connaissance. Le décryptage du génome devait mettre fin aux croyances et aux préjugés. Mais il a mis en évidence ce fait incroyable : oui, les hommes ne sont pas pareils en tout ! Il n'en faut pas plus pour réveiller le démon raciste. Quelques chercheurs veulent trouver des gènes « prouvant » l'existence des races, et bien sûr leur inégalité. Chercher la ressemblance et l'unité ne les intéresse pas du tout. Ils se moquent bien que tous les humains partagent 99,99 % de leur héritage génétique et que les différences dépendent plus des individus que des groupes. Que veulent-ils découvrir ? Que les Noirs ont moins de capacités intellectuelles et que les juifs forment une internationale... C'est reparti !

Nouveau !
Des outils intelligents

Vouloir à tout prix justifier l'existence des races par la biologie est une impasse qui conduit tout droit à raconter n'importe quoi. Ce qui ne veut pas dire qu'il n'y a rien à comprendre… Comment et pourquoi race et racisme ont joué et jouent toujours un tel rôle ? Pourquoi sommes-nous différents ? Voilà des questions autrement intéressantes qui occupent les scientifiques après la Seconde Guerre mondiale.

Plutôt que de s'entêter à accumuler des mesures, les anthropologues étudient le comportement humain, les ethnologues celui des groupes humains, les sociologues se penchent sur le fonctionnement de nos sociétés, les psychologues sur celui de nos esprits, les historiens enquêtent sur notre passé pour mieux comprendre notre présent, et les généticiens retracent l'histoire des populations et des origines de leurs différences. Toutes ces sciences avancent ensemble et intègrent les résultats des recherches des biologistes et des généticiens.

On apprend beaucoup en constatant que les groupes humains ont souvent eu les mêmes comportements. On remarque par exemple que l'individu a besoin de faire des catégories pour se situer dans le monde. Il simplifie ce qu'il voit pour distinguer des groupes. Et considère volontiers que son groupe est bien plus chouette que les autres. Ce qui compte, ce n'est pas tant la différence réelle. C'est la volonté d'établir des différences. Et, si possible, d'être le meilleur. Voilà comment on fabrique du « Nous » contre « Eux, les autres ».

Faire des catégories et se croire meilleur que les autres est un comportement qu'on trouve chez tous les hommes. Voilà au moins une preuve que notre espèce est unique !

Gilles Barbier, *Ce qui est sorti du chapeau aujourd'hui* (01.03.2016), 2016.

Un parapluie ne sert pas toujours à se protéger de l'extérieur mais parfois de soi-même : chercher, se cultiver, apprendre à connaître les autres sont les meilleures protections contre les préjugés, les pensées hâtives et les catégories sans fondement.

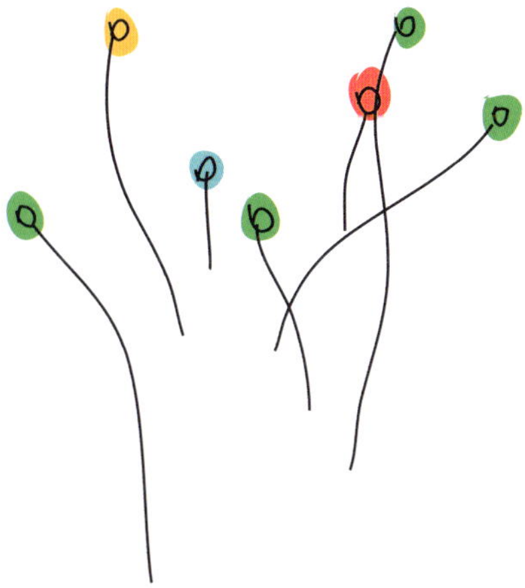

Catégories sans couleur

Les groupes humains ont toujours remarqué que leurs voisins n'avaient pas la même couleur de peau que la leur. Mais ils n'en ont pas toujours fait un critère de discrimination. Sans avoir besoin de races, les sociétés humaines ont inventé différents principes de division.

Selon la Bible, tous les hommes descendent des trois fils de Noé, qui sont sortis de l'Arche avec leur père après le Déluge : Sem, Cham et Japhet.

Sem a donné naissance aux peuples sémites : les Juifs et les Arabes. Dans les deux langues, *sem* veut dire « nom, renom ou prospérité ».

Cham a donné naissance aux peuples d'Afrique : *chem* signifie « chaud ».

Les descendants de Japhet ont peuplé l'Europe et l'Asie : *japhet* veut dire « ouvert » en hébreu.

Les Grecs anciens se sont un temps considérés comme noirs : le noir était pour eux signe de courage et de virilité, digne de leurs dieux. Le problème n'est pas la couleur. Il faut être homme (et non femme), libre (et non esclave), citoyen (et non « barbare » ou étranger).

Pour les Romains de l'Antiquité, c'est la citoyenneté qui donne des droits. Pour devenir citoyen romain, les barbares doivent parler la langue et reconnaître les lois romaines : ils ne sont pas exclus par nature ni selon leur origine.

Au Moyen Âge, en Europe, la société est divisée en trois ordres : ceux qui prient (le clergé), ceux qui combattent (les nobles), ceux qui travaillent (tous les autres). Ils bénéficient de droits différents. Ce découpage dure jusqu'à la Révolution française de 1789.

En Inde, on naît dans une caste sans pouvoir jamais en changer.

Images tirées de *Soixante-douze Spécimens de castes en Inde*, 1837.

En Inde, la religion hindouiste a inspiré la division en castes héréditaires et inégales. Au sommet, on trouve les prêtres, puis les guerriers, les commerçants et, enfin, le reste de la population. Les intouchables, eux, n'appartiennent pas au système des castes car ils exercent des métiers jugés impurs, en contact direct avec le sang (boucher, chasseur, pêcheur ou sage-femme). Ils sont exclus. On naît, on se marie et on travaille dans sa caste. Le système des castes existe toujours.

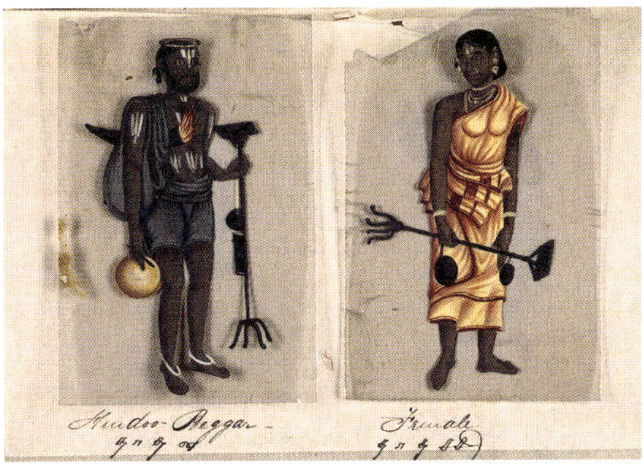

Reste à ta place !

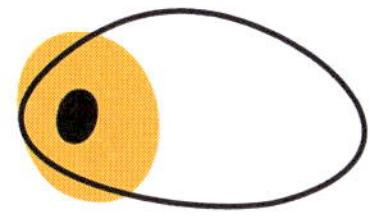

Assigner quelqu'un à sa place, c'est lui faire savoir par toutes sortes de moyens qu'il ou elle appartient à un groupe, le plus souvent dominé. C'est l'amener à se dire que certaines performances et certaines réussites sont impossibles pour lui, tandis que certains comportements sont « naturels ».

Ainsi, les filles ne sont pas plus mauvaises que les garçons en maths. Mais, à force qu'on le leur suggère, elles peuvent en être persuadées. Et, de fait, le devenir.

Ou des étudiants noirs qui passent un examen pourront échouer s'ils sont convaincus d'être moins performants que des étudiants blancs.

Dans les deux cas, ils s'identifient au regard et aux préjugés des autres. Parce que nous vivons en société, notre parcours dépend en grande partie du regard qui est porté sur nous et des attentes qu'on a envers nous.

C'est une particularité de l'esprit humain de suivre les chemins que le groupe a tracés pour lui et d'éviter ceux qui lui semblent interdits. Il faut être conscient des « prisons intérieures » pour s'en évader.

« *Il est très difficile de se libérer des stéréotypes et des préjugés* », dit une célèbre anthropologue.

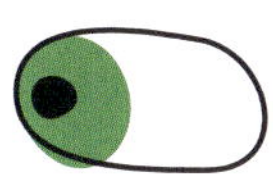

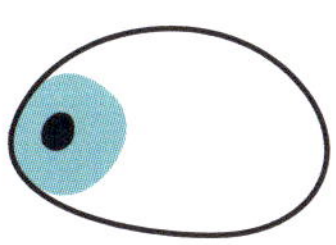

Le bouclier de la race

Et si la race, qui est un outil de discrimination, devenait aussi un outil de libération ?

Voilà ce que des gens discriminés sur leur aspect physique ou leur soi-disant origine ont fini par se dire : puisque nous sommes discriminés pour des raisons racistes, il ne sert à rien de dire que la race n'existe pas. La race existe au moins pour la société. Puisqu'on nous l'impose, nous allons l'adopter pour nous unir et nous défendre. Laissons de côté toutes les différences qui font notre identité personnelle (genre, famille, fortune, opinions, goûts...). Avant tout, définissons-nous comme des Noirs, des musulmans, des Roms, et réclamons nos droits. Nous aurons de meilleures chances de nous faire respecter.

Au lieu de faire des catégories entre hommes et femmes, riches et pauvres, travailleurs et capitalistes, les gens voient d'abord leur « origine », celle qui vient de leurs parents ou de leurs ancêtres.

L'« origine », réelle ou plus ou moins rêvée, est utile pour se définir. Mais elle n'est qu'un des éléments de la personne. Elle est nécessaire quand elle sert à défendre des droits légitimes. Elle est dangereuse quand elle sert à définir les autres et à les exclure.

Glenn Ligon, *Autoportrait exagérant mes traits noirs et autoportrait exagérant mes traits blancs*, 1998.

Quelle différence y a-t-il entre ces deux autoportraits ? Aucune ! Ou si peu...

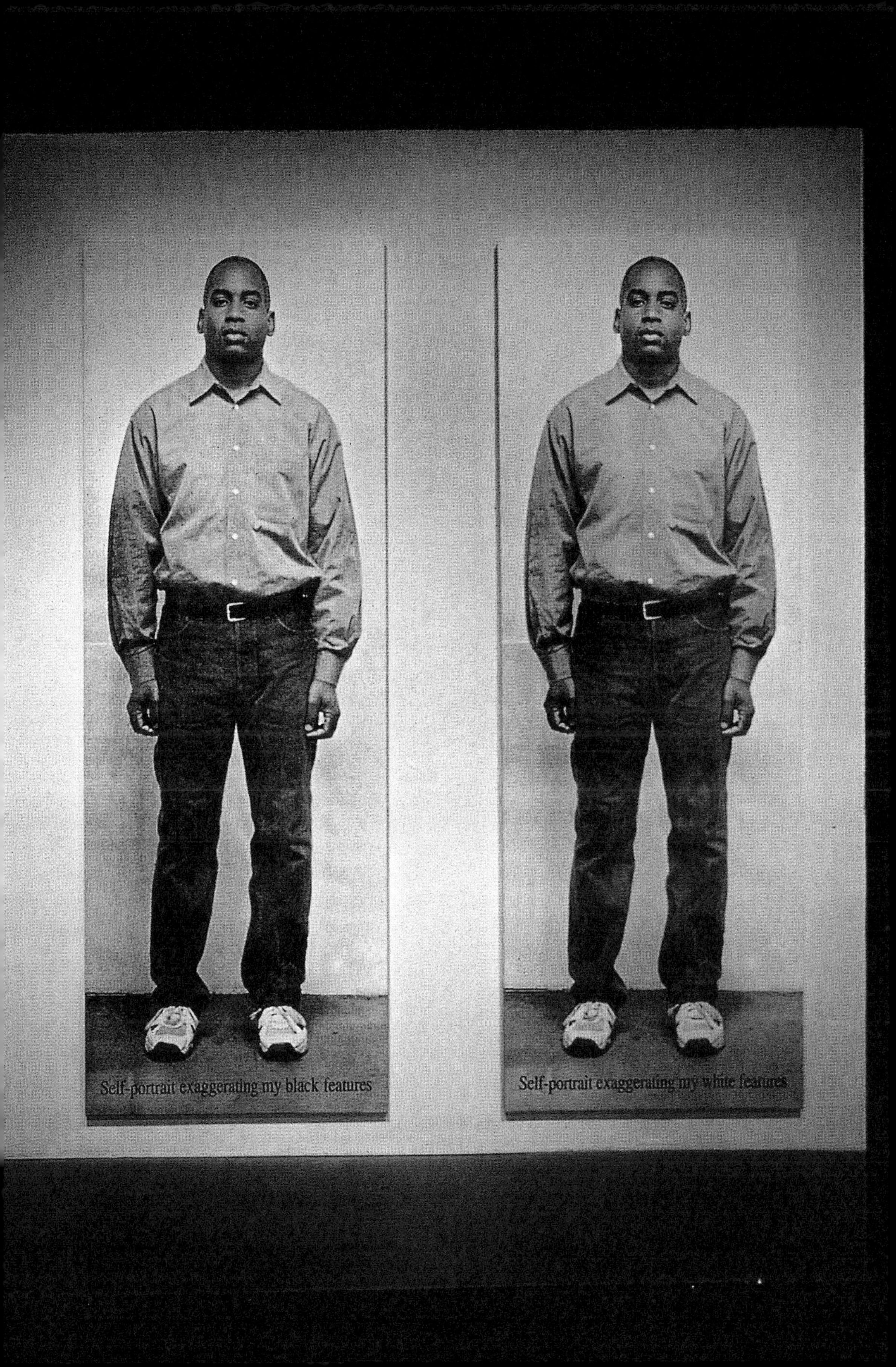
Self-portrait exaggerating my black features
Self-portrait exaggerating my white features

Le poison du monde

On aurait du mal à trouver un seul pays dans le monde qui ne connaisse pas une forme ou une autre de racisme, à certain moment de son histoire et de son actualité.

Face aux difficultés, la race semble toujours offrir une explication et une justification des actes violents. Elle aggrave les malheurs au lieu d'offrir des solutions de paix. Elle finit par devenir la raison suffisante de la violence.

Ainsi, les Américains souffrent toujours de l'histoire de l'esclavage et de la ségrégation, qui n'est pas si ancienne. Les grands-parents d'un enfant d'aujourd'hui ont connu les lois Jim Crow ! Le mouvement *Black Lives Matter* combat la violence et la discrimination envers les Noirs.

En Europe, les anciens racismes sont toujours vivants. Les migrations, et la crainte qu'elles inspirent, leur ont donné une nouvelle jeunesse. Les nationalismes reviennent à la mode. Selon les pays, différentes communautés sont principalement visées : les Roms, les « musulmans », mais aussi les Roumains, Polonais, Bulgares...

Sur les continents qui ont été colonisés, la situation n'est pas meilleure. L'histoire africaine a connu plusieurs tragédies fondées sur la race, Biafra, Rwanda... Les anciens conflits ont laissé des traces et peuvent resurgir. De plus, les mouvements des réfugiés dus aux guerres entraînent des réactions qui sont souvent elles aussi « racialisées ».

La situation est à la fois différente et comparable dans des pays d'Asie, comme par exemple en Birmanie où la population des Rohingas est persécutée et poussée à l'exil.

Jean-Luc Nail, *Famille rom dans une friche havraise*, 2014.
Les Roms sont l'une des populations le plus souvent victimes de racisme en France et en Europe.

Et chez nous ?

Jean-Michel Othoniel, *Le Bateau de larmes*, 2004.

L'artiste a habillé de larmes de verre ce bateau de migrants échoué sur une plage d'Italie.

En France, la loi punit les propos racistes et les discriminations raciales. Pourtant, les attitudes et les propos racistes persistent, même s'ils ne se réclament plus directement de la « race ». On retrouve ces attitudes et ces propos dans tous les groupes de la société, même les plus éduqués.

Le plus partagé est aujourd'hui le racisme anti-Roms, que l'on remarque chez les représentants de l'État, les élus et dans la population. Ce racisme consiste à dire que les Roms sont des nomades qui ne peuvent pas s'intégrer au pays. Or les Roms appartiennent à des groupes différents et la grande majorité d'entre eux ne sont pas nomades. Ils s'intègrent dès qu'ils peuvent bénéficier des mêmes avantages que les autres (école, travail, logement).

De même, dire que les jeunes Noirs et Arabes sont forcément des délinquants et les contrôler sans cesse est une pratique raciste actuelle.

Le racisme envers les populations immigrées s'est déplacé sur l'islam, souvent pratiqué par les familles venues de pays autrefois colonisés. Pour discriminer ces populations, on met en cause leur religion, en disant qu'elle ne peut pas s'adapter à la société française. Un mot a été créé pour nommer cette attitude de rejet : l'islamophobie.

L'antisémitisme existe toujours. Il s'appuie sur de vieux préjugés, mais trouve des formes nouvelles qui conduisent comme autrefois au meurtre d'hommes, de femmes et d'enfants.

Les personnes venues d'Asie, leurs familles et leurs enfants, ont elles aussi été « racialisées », c'est-à-dire regroupées par les autres sous une même étiquette. Des préjugés anciens servent à les moquer, à les exclure et même à les agresser.

Certaines personnes parlent désormais de racisme « anti-Blancs » ou de « christianophobie ». On remarque que les personnes blanches ou chrétiennes peuvent être rejetées dans certains endroits, qui restent rares. Mais elles ne souffrent pas de discrimination à l'emploi ou au logement.

La France est traversée par des courants racistes, dont certains s'expliquent par l'histoire de la colonisation. Mais le pays n'est pas fermé sur ses « communautés » : les gens se marient et choisissent leurs amis sans trop se soucier des « origines ». Les études montrent que les Français sont plus tolérants qu'ils ne l'étaient autrefois, et qu'ils le sont même de plus en plus.

Et chez moi ?

Les enfants sont des citoyens comme les autres. Pas plus gentils, pas plus méchants, pas plus bêtes, pas plus malins que les autres. Si les adultes qui les entourent classent sans arrêt les gens selon leur couleur de peau, leur origine ou leur religion supposées, ils font pareil. Ils adoptent les catégories qu'on leur apprend. C'est une façon de voir qu'on peut regretter mais ce n'est pas du racisme.

Le racisme, c'est de coller des qualités et des défauts à chaque catégorie, ou à l'une d'entre elles en particulier. Le racisme, c'est de ne plus penser l'autre comme une personne unique, mais comme le représentant d'une catégorie.

Le racisme vient sans qu'on y fasse attention. Et c'est parce qu'on n'y fait pas attention qu'il s'enracine. Le jour où l'on trouve normal de se dire que « les Roms sont sales » ou que « les juifs sont riches » ou que « les musulmans ne sont pas français »… Ce jour-là, on efface Ilana, David ou Yacine de sa pensée. On rend possible son rejet. Soudain, on est moins humain, on est plus raciste.

Portraits d'enfants du monde.
Tous différents, tous semblables.

Ce serait terrible si l'on ne pouvait pas se corriger. Mais ce qui est formidable avec *Sapiens* (surtout le jeune *Sapiens*), c'est qu'il évolue sans arrêt. Il s'observe, il comprend, il s'adapte. **Il remarque la petite pensée raciste, il sait le mal qu'elle peut faire, il s'en débarrasse, dans la poubelle des objets inutiles.** Il se sent plus léger, tout à coup. Tout est plus facile avec Ilana (qui a son petit caractère), avec David (qui a les yeux très bleus), avec Youssef (qui est plutôt gourmand). Ce sont des gens. Des *Sapiens*. Comme lui. Tout simplement.

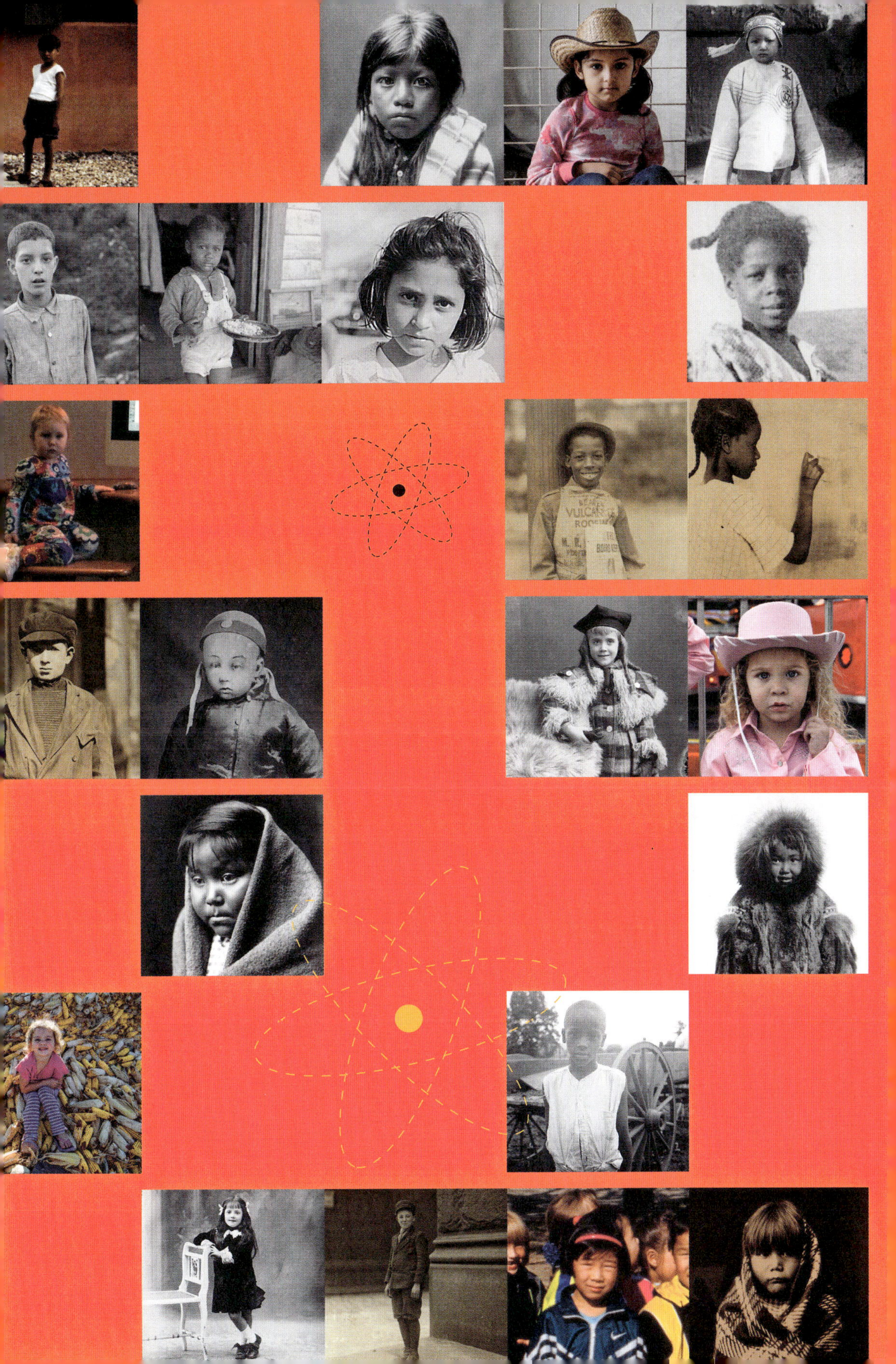

L'ESPÈCE
HU
MAI
NE

Stop ou encore ?

Le racisme n'est pas une science.
Le racisme est **une histoire.**

Les humains sont les acteurs de cette histoire.
Ils la fabriquent.

C'est leur volonté, ce sont leurs efforts qui font **avancer le monde.**

Que voulons-nous ?

Voulons-nous un monde de guerres ?
De violences ? D'inégalités ?

Ou voulons-nous **un monde de paix ?**
De progrès ? D'égalité ?

Et quels efforts sommes-nous prêts
à faire pour y arriver ?

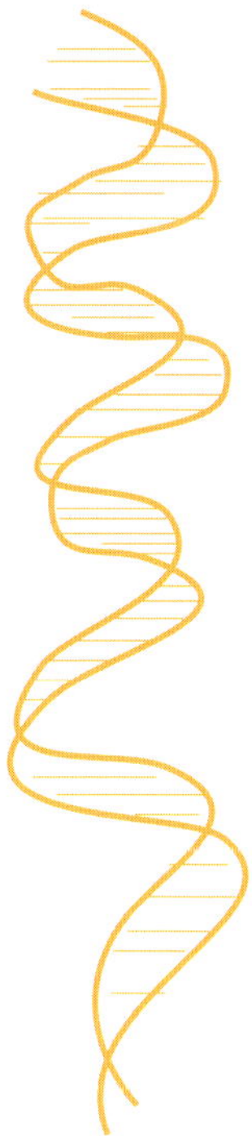

Glossaire

Anthropologie Qu'est-ce qu'un homme ? Voilà l'objet de cette science qui, après avoir voulu définir l'homme dans ses caractères physiques, a plutôt cherché à étudier ce qui unit toutes les sociétés humaines. *Anthropos* signifie « homme » en grec ancien ; *logos* signifie « discours, science ». L'anthropologie a une histoire particulière : l'homme est lui-même l'objet de sa propre étude... Pas facile ! Plus que toutes les autres sciences, l'anthropologie est influencée par les idées de l'époque.

Antisémitisme Haine raciale dirigée contre les juifs. Le mot sémitisme a été créé en 1870, avec le mot aryanisme, par un journaliste raciste allemand qui opposait « race sémite » et « race aryenne ». La même année, cet homme crée la Ligue antisémite et fait entrer le mot dans le vocabulaire. L'antisémitisme est la forme moderne de l'antijudaïsme, qui remonte à l'Antiquité et a été largement développé par les sociétés chrétiennes dès le Moyen Âge.

Apartheid Le mot vient de l'afrikaans, la langue des Sud-Africains blancs, et signifie « séparation, mise à part ». Il désigne le régime mis en place en 1848 qui discrimine les Sud-Africains en fonction de leur couleur de peau (lieux d'habitation séparés, droits inégaux...). Le régime est aboli en Afrique du Sud en 1994 mais le mot est toujours utilisé pour désigner l'exclusion et la discrimination (géographique, économique) fondées sur des critères racistes.

Assignation identitaire Assigner vient d'un verbe latin qui veut dire marquer, attribuer. Assigner, c'est fixer une place, une limite à quelqu'un, avec une idée d'obligation. L'assignation identitaire renvoie une personne à une seule particularité de son identité. Elle lui attribue des caractéristiques physiques, psychologiques ou culturelles supposées être celles de son groupe. Elle lui fait comprendre qu'il ne peut pas s'en dégager.

Biologie Science qui étudie la vie. Le mot vient du grec ancien : *bios* signifie « vie » et *logos,* « discours, science ». Il apparaît pour la première fois en 1802 dans l'œuvre de deux savants naturalistes, l'Allemand Treviranus et le Français Lamarck. Le domaine de la biologie est immense : il comprend toutes les sciences consacrées à l'être vivant, y compris l'être humain.

Code noir Signé par Louis XIV en 1685, l'*Édit sur la police des esclaves,* que l'on appelle « Code noir », réglemente l'esclavage des Noirs dans les colonies françaises. En fixant les droits des propriétaires sur les esclaves, il fait entrer l'esclavage dans la loi. Supprimé en 1794, il est rétabli par Napoléon en 1802, puis définitivement aboli en 1848. Du milieu du XIXe siècle à la fin de la colonisation, des lois spéciales seront appliquées aux populations des colonies françaises. On parlera à leur sujet d'un « code de l'indigénat ». Cette discrimination légale ne disparaîtra qu'avec l'indépendance des pays colonisés.

Colonie Déjà en latin (*colonia*), le mot désigne deux choses : le groupe qui quitte son pays pour aller en peupler un autre, et le territoire occupé et dirigé par un pays en dehors de ses frontières. On parle aussi de colonies dans le règne animal, mais dans un sens légèrement différent : un rassemblement nombreux d'animaux sur un même territoire.

Discrimination Au départ, discriminer veut juste dire distinguer. Son sens a évolué. Aujourd'hui, discriminer consiste à traiter une personne ou un groupe d'une manière inégale et défavorable par rapport aux autres. On parle par exemple de discrimination directe à l'embauche ou au logement. On parle aussi de discrimination quand l'accès aux meilleurs quartiers et aux meilleures écoles est réservé, plus ou moins volontairement, aux mêmes groupes.

Génome C'est l'ensemble de l'ADN d'un organisme vivant. Une partie de cet ADN est constitué de gènes qui portent toutes les informations nécessaires à cet organisme pour vivre, se développer et se reproduire. Dans une même espèce, le génome est presque identique entre tous les individus. Entre deux humains, il est pareil à 99,9 % (à 99 % entre un chimpanzé et un humain).

Islamophobie *Phobos* signifie « peur, frayeur » en grec ancien. Le mot islamophobie apparaît en 1910 dans un document administratif, mais il ne prend son sens actuel qu'à la fin du XXe siècle : il nomme le sentiment de rejet et de haine envers l'islam, et toute personne supposée appartenir à la religion musulmane. On retrouve dans l'attitude de méfiance et d'exclusion envers « les musulmans » toutes les caractéristiques du racisme. Le mot est entré dans un dictionnaire français en 2005.

Lois Jim Crow Le surnom Jim Crow est utilisé pour désigner les Noirs d'Amérique. Il vient d'une chanson interprétée par un chanteur blanc maquillé en noir (*Jump Jim Crow,* 1828). Les lois Jim Crow désignent toutes les lois ségrégationnistes appliqués dans les États du Sud des États-Unis après l'abolition de l'esclavage en 1865 : interdiction des mariages entre les Noirs et les Blancs, séparation dans les lieux publics (écoles, transports, hôpitaux, salles de spectacle...). Ces lois sont abolies par le *Civil Rights Act* (1964), puis le *Voting Rights Act* (1965).

Psychologie sociale Psychologie vient du grec ancien *psyché,* « esprit », et *logos,* « discours, science ». La psychologie sociale étudie la manière dont les gens sont influencés par la présence des autres. Elle mène des expériences sur les groupes et les individus pour comprendre leurs comportements. C'est une science assez récente (début du XXe siècle) qui s'appuie sur l'idée que les comportements humains peuvent être compris par la méthode scientifique. Elle s'intéresse à l'identité, l'autorité, l'engagement, le pouvoir, la manipulation...

Stéréotype Idée toute faite, positive ou négative, sur une personne ou sur un groupe. On leur donne sans réfléchir des qualités ou des défauts soi-disant partagés par tous les membres d'une catégorie. *Stereo* signifie « dur, rigide » en grec ancien. Bref, une idée souple comme le béton !

Phénotype Ensemble des caractères physiques visibles d'une personne. En grec ancien, *phaino* signifie « montrer, apparaître ».

Préjugé Pas besoin d'y réfléchir : tout est jugé d'avance ! Le préjugé vient de l'opinion et de la rumeur. Il est toujours négatif.

Xénophobie *Xenos* désigne l'étranger en grec ancien et *phobos,* la peur. La xénophobie est le rejet de ce qui est étranger : les gens, leurs habitudes, leurs cultures. Le xénophobe veut défendre son groupe contre les étrangers.

Table des illustrations

Louis Figuier (1819-1894), in *Les Races humaines*, Paris, Hachette, 1872. Chromolithographies. Paris, Muséum national d'histoire naturelle, Bibliothèque centrale. © MNHN 2

Anonyme, *Mouton de levant à grosse queue*, sans date. Jean-Charles Werner (1798-1856), *Chat de Népaul*, 1824 ; *Chien de Poméranie*, 1824 ; *Cheval à poils frisés*, 1820. Léon de Wailly (actif de 1801 à 1824), *Cheval*, 1814 ; *Cochon des Indes femelle*, 1819 ; *Mouton d'Égypte mâle*, 1819 ; *Mouton à grosse queue*, 1805 ; *Lévrier femelle, grande espèce*, 1813. Nicolas Robert (1614-1685), *Poule huppée de Padoue*, XVIIe siècle. Paris, Muséum national d'histoire naturelle, Bibliothèque centrale. © MNHN, Dist. RMN-Grand Palais/Tony Querrec 9

Andres Serrano (1950), *Père Noël noir (L'Interprétation des rêves)*, 2001. Tirage pigmentaire contrecollé sur Dibond, 165,1 x 139,7 cm. Courtesy de l'artiste et galerie Nathalie Obadia, Paris-Bruxelles 10

Jack Delano (1914-1997), *À la gare routière*, Durham, Caroline du Nord, 1940. © Library of Congress/Jack Delano 12

Groupe de juifs hongrois à leur arrivée au camp de concentration d'Auschwitz, Pologne, été 1944. © Bundesarchiv, Coblence 12

Jack Picone (1958), *Peuple fuyant le génocide*, Rwanda, 1994. © Jack Picone 13

Theodor de Bry (1528-1598), « Christophe Colomb, Amerigo Vespucci, Fernand de Magellan et Francisco Pizarro », in *Historia Americae sive Novi Orbis* par Girolamo Benzoni et Theodor de Bry, 1590-1634. Estampe. Berlin, Bibliothèque d'art. © BPK (dist. RMN-GP/Knud Petersen) 15

Theodor de Bry (1528-1598), « Arrivée de Christophe Colomb sur l'île d'Hispaniola dans les Indes occidentales », in *Historia Americae sive Novi Orbis* par Girolamo Benzoni et Theodor de Bry, 1590-1634. Gravure. Milan, Biblioteca Nazionale Braidense. © Collection Kharbine-Tapabor 17

Jean-Michel Basquiat (1960-1988), *Vente aux enchères d'esclaves*, 1982. Collage, papier, pastel gras, peinture acrylique, 183 x 305,5 cm. Paris, musée national d'Art moderne – Centre Georges Pompidou. © Centre Pompidou, MNAM-CCI, Dist. RMN-Grand Palais/Philippe Migeat, ADAGP, Paris 2017 18-19

Corine Borgnet (1963), *Pince X*, série « Les Outils », 2007. Résine, acrylique et silicone, 42 cm. Courtesy Corine Borgnet .. 23

Marius-Pierre Le Mazurier (actif entre 1769 et 1775), *Famille métisse*, 1775. Huile sur toile, 125 x 106 cm. Paris, ministère de l'Outre-Mer. © Ministère de l'Outre-Mer, Paris/Bridgeman 27

Adrien Migneret (1786-1840), « Angle facial des espèces », *in* Julien-Joseph Virey, *Histoire naturelle du genre humain*, Paris, Crochard, 1824. Paris, Muséum national d'histoire naturelle, Bibliothèque centrale. © MNHN 28

Pierre François Legrand (1743-1824), « Système de Linné », *in* Frédéric Gérard, *Nouvelle Flore usuelle et médicale* ou *Histoire et Description de tous les végétaux utiles, tant indigènes qu'exotiques, avec leur application à la médecine et à l'horticulture*, Firmin Didot Frères, 1853. Paris, Muséum national d'histoire naturelle, Bibliothèque centrale. © MNHN 32

François-Auguste Biard (1799-1882), *L'Abolition de l'esclavage dans les colonies françaises en 1848*, 1849. Huile sur toile, 260 x 392 cm. Versailles, châteaux de Versailles et de Trianon. © RMN-Grand Palais (château de Versailles)/Franck Raux 42-43

Paul Broca (1824-1880), in *Mémoires d'anthropologie*, Paris, C. Reinwald, 1871. Paris, Muséum national d'histoire naturelle, Bibliothèque du musée de l'Homme-Yvonne Oddon. © MNHN 44

Masque heaume surmonté d'un personnage assis sur une chaise et coiffé d'un casque colonial, XXe siècle (avant 1968). Bois. Paris, musée du quai Branly. © musée du quai Branly – Jacques Chirac (dist. RMN-GP)/Patrick Gries/Bruno Descoings 46

Affiches de propagande vers 1940. DR 50

Charlotte Salomon (1917-1943), *La Nuit de cristal*, 1940-1942. Gouache, 25 x 32,5 cm. Amsterdam, Musée historique juif. © Charlotte Salomon Foundation Charlotte Salomon® 54

Planches XI à XIII, in *The Aïnos*, par David Mac Ritchie, Leiden, P. W. M. Trap, 1892. Paris, Bibliothèque universitaire des langues et civilisations. DR 56-57

Jacob Lawrence, *De toutes les villes du Sud, les migrants voyagent par centaines vers le nord*, « La Migration », planche 3, 1940-1941. Caséine tempera sur panneau, 30,48 x 45,72 cm. © The Phillips Collection, Washington DC/ADAGP, Paris 2017 58-59

Photographie d'une jeune Polonaise ne correspondant pas aux critères nazis de la « race aryenne », 1943. © Ullstein Bild/AKG images 61

Cadavres de déportés au camp de Nordhausen retrouvés par les soldats de la American 3rd Armored Div., FUSA, lors de la libération du camp en avril 1945. © Library of Congress 62-63

Keith Haring (1958-1990), *Libérez l'Afrique du Sud*, 1985. Lithographie offset, 122 x 122 cm. New York, Fondation Keith Haring. © Keith Haring Foundation 67

Kerry James Marshall (1955), *École de beauté, École de culture*, 2012. Acrylique sur toile, 274,32 x 401,32 cm. © Kerry James Marshall et Jack Shainman Gallery, New York .. 68-69

Gilles Barbier (1965), *Ce qui est sorti du chapeau aujourd'hui (01.03.2016)*, 2016. Posca, peinture en bombe et gouache sur calque polyester, 84 x 59,5 cm. Courtesy de l'artiste et de la galerie Georges-Philippe et Nathalie Vallois, Paris 70

Soixante-douze Spécimens de castes en Inde, 1837. Manuscrit comprenant des peintures sur mica trouvées à Madura, Inde. © Beinecke Rare Book & Manuscript Library, New Haven 73

Glenn Ligon (1960), *Autoportrait exagérant mes traits noirs et autoportrait exagérant mes traits blancs*, 1998. Sérigraphie sur toile, 304,8 x 100,6 cm. Courtesy de l'artiste, Luhring Augustine, New York, Regen Projects, Los Angeles et Thomas Dane Gallery, Londres 77

Jean-Luc Nail (1951), *Famille rom dans une friche havraise*, 2014. Courtesy Jean-Luc Nail 78

Jean-Michel Othoniel (1964), *Le Bateau de larmes*, 2004. Verre de Murano, métal, bois, 345 x 535 x 215 cm. Photo galerie Emmanuel Perrotin. Courtesy Jean-Michel Othoniel 80

Enfants. © Library of Congress, Washington DC 83

Cette publication a été réalisée à l'occasion de l'exposition « Nous et les autres. Des préjugés au racisme » organisée au musée de l'Homme du 31 mars 2017 au 8 janvier 2018.

Muséum national d'histoire naturelle
Lucile Desmoulins,
responsable des éditions grand public

Éditions courtes et longues
Jean Poderos, directeur,
assisté de Chloé Fougerouse

Graphisme : Dune Lunel

Cet ouvrage a bénéficié du concours de SORBONNE UNIVERSITÉS

Dépôt légal : juin 2017 • Loi n° 49-956 du 16 juillet 1949 sur les publications destinées à la jeunesse • ISBN ECL : 978-2-35290-182-2. ISBN MNHN : 978-2-85653-797-8
Photogravure par Les Caméléons, Paris • Achevé d'imprimer en mai 2017 sur les presses de Sepec, Péronnas - 16153170203.